W0319865

La Cause animale

DANS LA MÊME COLLECTION

Lettres des animaux à ceux qui les prennent pour des bêtes, Allain Bougrain Dubourg, Librio n° 1249.

50 histoires d'animaux pour comprendre Darwin, Marc Giraud, Librio n° 1249.

La Petite Histoire : Les Animaux célèbres, Marie-Hélène Baylac, Librio n° 1225.

Sous la direction
d'Alain Finkielkraut

La Cause animale

Débats pour y voir plus clair

Librio

La citation qui conclut l'ouvrage est tirée de *Faits III. Suite et fin*, de Marcel Cohen :
© Éditions Gallimard

© Éditions Stock, 2018
© E.J.L., 2021 pour la présente édition

SOMMAIRE

PRÉFACE

« Déjà, dans la Genèse, écrit Milan Kundera, Dieu a chargé l'homme de régner sur les animaux, mais on peut expliquer cela en disant qu'il n'a fait que lui *prêter* ce pouvoir. L'homme n'était pas le propriétaire mais seulement le gérant de la planète, et il aura un jour à rendre compte de sa gestion. Descartes est allé plus loin : il a fait de l'homme "le maître et possesseur de la nature". Et il y a certainement une profonde logique dans le fait que lui, précisément, ait nié que les animaux ont une âme. L'homme est le propriétaire et le maître tandis que l'animal, dit Descartes, n'est qu'un automate, une machine animée, une "machina animata"[1]. »

La modernité, cependant, n'est pas tout d'une pièce. Le sentiment démocratique émerge et se déploie en même temps que ce projet de maîtrise. Comme le montre Tocqueville, admirable phénoménologue du monde moderne : « Quand les rangs sont presque égaux chez un peuple, tous les hommes ayant à peu près la même manière de penser et de sentir, chacun d'eux peut juger en un moment des sensations de tous les autres : il jette un coup d'œil rapide sur lui-même ; cela lui suffit. Il n'y a donc pas de misère qu'il ne conçoive sans peine, et dont un instinct secret ne lui découvre l'étendue. En vain s'agira-t-il d'étrangers ou d'ennemis : l'imagination le met aussitôt à leur place. Elle mêle quelque chose de personnel à sa pitié, et le fait souffrir lui-même tandis que l'on déchire le corps de son semblable[2]. » *En vain s'agira-t-il d'animaux*, doit-on dire aujourd'hui. La pitié ne s'arrête plus à l'huma-

1. Milan Kundera, *L'Insoutenable Légèreté de l'être*, Folio Gallimard.
2. Tocqueville, *De la démocratie en Amérique*, Bouquins, Robert Laffont.

nité. Elle continue sur sa lancée. Elle repousse les frontières. Elle élargit le cercle du semblable. Quand un coin du voile est levé sur l'invivable existence des poules, des vaches ou des cochons dans les espaces concentrationnaires qui ont succédé aux fermes d'autrefois, l'imagination se met aussitôt à la place de ces bêtes et une partie grandissante de l'opinion prend contre Descartes le parti de Jeremy Bentham : « La question n'est pas : peuvent-ils raisonner, peuvent-ils parler ? Mais peuvent-ils souffrir ? »

L'homme moderne est donc tiraillé entre une ambition immense et une compassion sans limites. Il veut être le Seigneur de la Création, et il découvre progressivement en lui la faculté de s'identifier à toutes les créatures. Ainsi s'explique l'irruption récente de la cause animale sur la scène politique. Cette cause, je l'ai accueillie dans mon émission *Répliques* sur France Culture parce que je réponds évidemment « oui » à la question de Bentham mais aussi parce que les amis des bêtes ne parlent pas d'une seule voix.

La querelle fait rage, en effet, entre les « antispécistes » qui veulent rabattre le caquet de l'homme en lui déniant le droit de se démarquer du règne animal, et les « spécistes » qui s'insurgent contre ce nivellement car, estiment-ils, la responsabilité pour les autres espèces est une prérogative *spécifiquement humaine* : jamais le lion ne prendra soin de la gazelle, c'est à l'homme et à l'homme seul qu'il incombe de veiller sur l'un et sur l'autre. Un débat très vif oppose aussi les partisans d'un retour à l'élevage fermier et ceux qui, révulsés par les abattoirs, militent pour un changement radical de nos habitudes alimentaires au risque que disparaissent les objets de leur sollicitude, à quelques exceptions près disposées, pour l'agrément des touristes, dans deux ou trois parcs à thèmes. Et je n'ai pas voulu esquiver le sujet qui fâche le plus : la corrida. Faut-il frapper d'un même opprobre ce spectacle violent et l'invisible férocité de l'élevage industriel ?

Par-delà leurs divergences souvent explosives, tous les participants de cette grande conversation ont pris le parti de Bentham mais certains d'entre eux tiennent à rappeler que les animaux ne sont pas seulement des êtres souffrants.

L'amour des vaches ne saurait se réduire à la compassion qu'elles nous inspirent. Kundera encore: « Paisibles, sans malice, parfois d'une gaieté puérile: on croirait de grosses dames dans la cinquantaine qui feraient semblant d'avoir quatorze ans. Il n'est rien de plus touchant que des vaches qui jouent[1]. »

Il faut bien le reconnaître, la prise en compte de ceux que Michelet appelait « nos frères inférieurs » est, pour l'instant, et malgré quelques actions d'éclat, sans influence réelle sur le cours des choses. Les processus n'ont pas d'oreilles: ils sont imperméables aux protestations. Par une accablante coïncidence, c'est même au moment où la science rejoint le sens commun et démolit, sans contestation possible, l'hypothèse de l'animal-machine que l'on transforme méthodiquement les animaux en rouages de la production. Ils deviennent *de facto* ce que l'éthologie démontre qu'ils ne sont pas.

D'où l'inquiétude qui traverse ces pages: la nouvelle sensibilité à la question animale aura-t-elle le pouvoir de changer la donne, ou l'impératif de rentabilité allié aux avancées de la technique continuera-t-il à faire la loi, en dépit de tous les cris du cœur?

1. Kundera, *op. cit.*

1

FACE À LA CORRIDA

Avec Elisabeth de Fontenay et Francis Wolff

AF – Le 18 septembre 2012, j'ai assisté, dans les arènes de Nîmes, à ma première corrida. Mal m'en a pris, car, ma présence ayant été signalée par Francis Marmande dans le journal *Le Monde*, j'ai reçu d'un auditeur domicilié à Toulon la missive que voici : « Monsieur, j'apprends que vous étiez à la feria des vendanges, c'est votre droit. Écouteur attentif de votre émission du samedi, y compris son générique, je m'abstiendrai désormais, en soutien et souvenir de Théodore Monod. Regret et profonde désillusion pour une personnalité que j'apprécie. Salutations navrées. P.-S. : je ne lis plus les articles de Marmande, celui-ci a échappé à ma vigilance. »

On le voit, jusque dans la rancœur de ce post-scriptum envers un journaliste talentueux mais aficionado, c'est un sujet ultrasensible que je me risque aujourd'hui à aborder avec deux philosophes : Élisabeth de Fontenay et Francis Wolff. Et avant que la première ne me confonde, je me tournerai vers le second pour lui demander en quelque sorte de plaider ma cause : moi qui m'attendais à être choqué, voire révulsé par le spectacle tauromachique, j'ai été, à mon corps défendant, ébloui, car j'ai vu toréer José Tomás. Que répondriez-vous, Francis Wolff, à cette lettre, moins courroucée encore que désolée ?

FW – Je m'étais juré de ne plus parler en public de corrida parce que la lettre courroucée que vous avez reçue, j'en reçois de bien plus violentes et bien plus agressives, et l'on me traite de tous les noms de la terre, de « tortureur », celui-ci étant le plus faible des adjectifs. Que dire pour votre défense ? Beaucoup de choses évidemment. Mais d'abord ceci : j'ai découvert un peu par hasard, comme vous, la corrida, quand j'avais dix-huit ans. Rien ne m'y préparait, ni dans ma famille, ni dans mes origines tout ce qu'il y a de plus parisiennes. Je ne savais même pas qu'il y avait des corridas en France, et je pensais comme la plupart des gens : « cela n'existe pas » ou « il n'y a pas de mise à mort en France », etc. J'en ai vu une tout à fait par hasard, je le précise tout de suite, j'ai horreur de la violence, je ne pourrais pas voir souffrir un animal familier ou même un animal dans la nature, et ce que j'ai vu ne ressemble pas à ce que les gens en général imaginent quand ils n'ont jamais vu de corrida. Cette expérience a bouleversé ma vie. La corrida m'a apporté depuis des bonheurs auxquels je ne peux comparer que ceux que m'a apportés la musique. Elle a bouleversé ma vie affective, ma vie esthétique, ma vie éthique, et presque ma vie conceptuelle. Nous allons en reparler. Nul aficionado, que je connaisse du moins, ne va aux arènes pour voir souffrir un animal. Nous allons aux arènes pour admirer. C'est le premier et le dernier des sentiments que nous allons chercher dans l'arène. C'est le plus beau des sentiments intellectuels et esthétiques : l'admiration. L'admiration pour une bête qui combat, l'admiration pour un homme qui risque sa vie dans ce combat.

EF – Je voudrais d'abord faire état d'un certain nombre de points communs que j'ai avec Francis Wolff, pour que notre discussion n'aille pas n'importe où. Je suis d'accord avec lui pour critiquer la pensée éthique et juridique anglo-saxonne, Peter Singer, Gary Francione ou Tom Regan. Ce n'est pas du tout cette philosophie-là, vous le savez, qui est à l'origine de mon engagement pour les animaux. En outre, je rappelle que j'ai écrit *Sans offenser le genre humain*[1], livre par lequel je me

1. Elisabeth de Fontenay, *Sans offenser le genre humain*, Albin Michel, 2008.

distingue radicalement des animalistes ou, comme on dit, des animalitaires.

AF – Animalitaires qui vont jusqu'à une critique du propre de l'homme, c'est cela ?

EF – Justement. Malgré ma volonté de déconstruire le propre métaphysique de l'homme, je ne romps pas avec l'humanisme et, quand je me fais traiter de spéciste, je l'assume. J'ai encore des points d'accord avec Francis Wolff : l'inquiétude devant l'uniformisation de la culture et l'aseptisation générale ; et aussi l'amour de l'opéra, de la musique, du spectacle total. Maintenant, pourquoi ai-je signé, il n'y a pas longtemps, l'appel du CRAC (Comité radicalement anti-corrida) ? Vous savez que la corrida n'est pas du tout l'objet de ma réflexion. Ce qui m'intéresse, c'est le statut actuel des animaux de rente, c'est-à-dire des animaux de boucherie. Il ne faut pas opposer, Francis Wolff, les adversaires de la corrida aux adversaires de l'élevage et de l'abattage industriels parce que ce sont les mêmes militants. En ce qui me concerne, j'ai beaucoup tardé à m'intéresser à la corrida. J'avais assisté à une feria dans ma jeunesse : cela m'avait laissée assez indifférente, j'avais trouvé ce spectacle un peu ridicule, mais passons… Je n'ai pas eu la chance, Alain, de voir José Tomas ! J'ai vu des toreros et des taureaux médiocres. Mais si j'ai finalement pris la décision, difficile pour moi qui suis attachée à la diversité des traditions, de signer contre la corrida, c'est parce que j'ai découvert qu'il y avait des écoles de toreros, protégées par l'Éducation nationale, où l'on apprenait à des enfants à toréer sur des veaux, et que même on enseignait à ces enfants à mettre à mort des veaux. J'ai trouvé cela absolument insupportable et c'est ce qui a déclenché ma signature. Parce que mon humanisme à moi est formé par Plutarque et Montaigne à la *philanthropia*, dont Plutarque dit qu'elle est amour des animaux en même temps que des hommes, et qu'apprendre aux enfants à être doux, bienveillants avec les animaux, c'est une véritable *paideia*, un apprentissage d'humanité.

FW – Je suis content, Elisabeth, que nous ayons beaucoup de points d'accord, j'en ai un considérable avec vous et peut-être avec ceux qui me considèrent comme leur ennemi : nous avons le même adversaire, l'élevage industriel. Les animaux de rente, comme vous dites, ou plus exactement certaines filières des animaux de rente – et je crois qu'il n'y a aucun aficionado connaissant ce qu'est un taureau, admirant cet animal dans son habitat naturel, qui puisse cautionner l'élevage industriel, la réduction de l'animal à une chose. C'est exactement le contraire de l'éthique de la corrida. Et c'est contraire à son existence même. Un taureau de combat est élevé pendant quatre ans dans des conditions qui sont les plus proches d'un habitat naturel, le veau sous la mère – c'est tout à fait le contraire de ce qui se passe pour les animaux de rente. Sur, disons cinq cents têtes de bétail qu'il y a dans un élevage de taureaux de combat, seuls 6 % finiront dans l'arène, le reste ira malheureusement à l'abattoir. Les conditions de vie des taureaux préservent une forme de liberté pour eux, qui est essentielle à ce que l'on appelle en espagnol leur *bravura* et qui ne signifie évidemment pas une qualité éthique quelconque mais désigne leur agressivité naturelle, innée, qui se constate dès la naissance. Cette liberté est absolument essentielle, elle est la base même du comportement du taureau dans l'arène. Je suis aussi écologiste qu'il est possible : défense de la biodiversité, défense de l'habitat naturel, défense de l'élevage extensif. Voilà la base de la corrida.

AF – Est-il vrai, cependant, que, comme l'affirme Elisabeth de Fontenay, les enfants s'entraînent avec des veaux ? Cette pratique existe-t-elle et est-elle répandue ?

FW – Il y a en effet un certain nombre d'« écoles taurines » qui n'ont rien à voir avec l'Éducation nationale. Ce sont des écoles privées, comme des centres de loisirs, qui sont d'ailleurs, dans de très nombreux cas, d'excellentes écoles d'intégration. Je connais nombre d'enfants ou d'adolescents qui étaient un peu en perdition et qui ont été dans ces écoles. Ce que l'on y apprend d'abord aux enfants, c'est un certain comportement éthique, le respect d'eux-mêmes, une façon de se comporter et de respecter l'animal, dans son animalité. C'est très tardivement que les meilleurs d'entre eux peuvent aller dans ce que l'on appelle des *tiendas* pour s'entraîner face à des veaux. Et le fait que dans des écoles taurines on fasse tuer des veaux à de petits enfants est un fantasme. Seuls ceux qui ont été sélectionnés pendant plusieurs années pourront affronter de vraies bêtes, et seuls quelques-uns iront jusqu'à des *novillas* dans lesquelles ils auront éventuellement à les mettre à mort.

EF – C'est à peine croyable de vous entendre constamment parler de respect. De respect du taureau. Quand vous dites à la fin de votre discours de Séville « Emmenez vos enfants à la corrida », est-ce vraiment pour leur apprendre le respect ? C'est tellement paradoxal que cela ne peut que rester inaccessible à des gens qui ne sont pas des aficionados.

FW – Qu'appelle-t-on le respect pour un animal ? C'est le respect d'abord de sa nature, de son comportement. Le fondement éthique de la corrida, vous le savez aussi bien que moi, Elisabeth, c'est tout à fait le contraire de la réduction de l'animal à une chose, et c'est aussi le contraire (et nous sommes d'accord sur ce point) de la réduction de l'animal à une personne. C'est le respect de son animalité. Il y a peu de lieux dans notre monde où l'animalité est respectée comme animalité. La meilleure preuve de ce respect, c'est que, dans la corrida, on ne se donne le droit de tuer l'animal respecté qu'en risquant soi-même sa vie. C'est cela, le respect. Je ne peux tuer l'animal que si je risque moi-même ma vie. Et si vous comparez avec toutes les autres formes de meurtre animal, et il y en a énormément dans lesquelles personne ne risque sa vie, que ce soit dans les rites religieux ou dans ces assassinats de la masse qu'est l'élevage industriel : il n'y a évidemment pas le respect de l'animalité comme telle.

AF – Elisabeth de Fontenay, vous parliez de Plutarque et de Montaigne, de cette douceur, de cette bienveillance qu'il faudrait enseigner aux enfants envers les animaux. Mais tous les animaux ne sont pas faits sur le même moule, et si je comprends bien, le *toro bravo* est doté d'une hostilité innée envers tout étranger et notamment l'homme. C'est un animal qui veut se battre, qui veut tuer. Il n'y aurait pas de sens à enseigner la douceur vis-à-vis de lui. Un taureau affronte les tigres, les éléphants, les lions... Il est dans l'affrontement perpétuel. On est quand même amenés à tenir compte de cette réalité, dans les rapports généraux que nous avons avec les animaux.

EF – Je crois connaître un peu les taureaux, puisque j'ai été, enfant, pendant la guerre, dans une ferme en Normandie et, lorsqu'on menait dans la cour le taureau que l'on faisait venir pour la saillie, c'était avec une extrême prudence, avec une sorte de terreur. Je sais que le taureau peut être dangereux. Mais on sait aussi que son instinct de fuite est plus fort que son instinct d'agression. Maintenant, parlons du *toro bravo*. C'est un pur résultat de la zootechnie, vous en serez d'accord. Pourtant, ce avec quoi vous n'allez pas être d'accord, Francis Wolff, et là, nous allons parler faits contre faits, pour ne pas dire « front contre front », c'est que même si vous avez assisté, Alain Finkielkraut et vous, à des corridas splendides avec des taureaux extraordinairement courageux, il reste que, souvent, les taureaux ne veulent pas combattre, et s'affaissent. J'ajouterai que des vétérinaires, et même des vétérinaires aficionados, ont dénoncé le fait que l'on produisait dans les arènes des taureaux malades. De toute façon, ces animaux ont voyagé dans des conditions de contention atroce, dans des caissons qui les ont complètement ahuris, abrutis, et quand ils arrivent dans l'arène, quand ils sortent du toril, ils viennent de la nuit, du noir. Ce qui se passe quand ils font irruption dans l'arène, c'est vraiment la réalisation de l'allégorie de la caverne : celui que l'on force à voir le soleil et la lumière de face ne peut pas le supporter. Il débouche dans cette lumière aveuglante, face à cette foule excitée, et il est pour moi non pas un *toro bravo* mais, chaque fois, un *toro « furioso »*, si je peux user de cet adjectif italien. Quand on a affaire à des taureaux rendus furieux, complètement stressés et aveuglés, je ne comprends pas ce que peut signifier le mot de respect à l'égard de cette bête rendue folle. Par-dessus le marché, le picador lui enfonce sa pique, je ne sais pas si cela se fait encore, à un certain endroit de la nuque, pour lui faire baisser la tête, et l'on dit en espagnol « humilier le taureau ». Où est le respect, Francis Wolff ? Et les banderilles qui le font saigner, qui s'agitent dans ses muscles et dans ses nerfs chaque fois qu'il fait un mouvement ? Où est la bravoure du torero, alors qu'il a fait blesser le prétendu *toro bravo,* pendant quasi vingt minutes, puisque le troisième *tercio* n'intervient que dans les cinq ou dans les dix dernières minutes ? Vous n'aimez pas que l'on parle de torture, moi je parle de torture, et je vous assure, Francis Wolff, que, dans ma bouche, ce n'est pas faire injure aux fellagas torturés par la gégène en Algérie que de dire que l'on torture le taureau.

FW – Je répondrai sur ce dernier point, qui est évidemment extrêmement sensible, parce qu'il ne faut pas galvauder les mots. Je vais répondre très calmement sur les faits que vous avez énoncés précédemment. D'abord, « *toro bravo* ». Vous avez parlé des taureaux de ferme ; le taureau de combat n'a rien à voir avec les taureaux que vous avez pu connaître dans votre enfance. L'élevage des taureaux sauvages a commencé à la fin du XVIIIe siècle, et depuis, la bravoure du taureau est le fruit conjugué d'une certaine nature originellement agressive des taureaux sauvages qui pâturaient de façon libre en Espagne et d'un effet de la sélection. Comme vous le savez, le taureau est un herbivore, c'est essentiellement un animal territorial, ce n'est pas un prédateur, et les sélections ont eu pour objet de conserver ce qui dans cet instinct de défense du territoire se manifestait dès la naissance d'une façon offensive, c'est-à-dire par la charge, dès lors que le taureau se trouve menacé. Ce sont exactement les conditions qu'il retrouve lorsqu'il sort dans l'arène. Maintenant, vous avez tout à fait raison : le taureau est stressé pendant le transport, de la même façon que toutes les bêtes sont stressées pendant le transport, ce qui est sans doute pour un animal, et surtout pour un animal libre, pire que ce que l'on appelle la douleur. Le stress est bien pire pour un mammifère que la douleur. Les mesures de cortisol qui ont été faites par des vétérinaires au cours de la corrida montrent que le stress est maximal quand le taureau sort, et qu'il baisse ensuite. Les piques et les banderilles font que le stress du taureau diminue parce qu'il se transforme, grâce à la production de méta-endocrines qui anesthésient la douleur et la transforment en agressivité – qui est cette agressivité naturelle du taureau.

Un point extrêmement important: vous avez parlé des piques, vous avez parlé de torture, vous avez osé parler de torture. Si vous torturez un animal quel qu'il soit, que fait-il? Il fuit, à l'autre bout de l'arène. Vous piquez un taureau, que fait-il? Il revient à la pique, deux fois, trois fois, quatre fois. De quoi est-ce le signe? Tout vétérinaire, tout éthologue vous dira que c'est parce qu'il a ressenti (pendant une seconde) cette douleur que, par un certain nombre de phénomènes endocriniens, il a transformé cette douleur en agressivité, et qu'il revient à la charge. S'il était torturé, la corrida n'aurait non seulement aucun sens, aucune valeur, mais évidemment personne n'irait la voir, puisque la base même de la corrida, c'est que le taureau attaque en permanence. Quand vous dites que le torero ne prend pas de risques... Pour parler de José Tomás, il a reçu deux fois l'extrême onction, il a frôlé plusieurs fois la mort, et il prend des risques insensés à chaque corrida.

AF – Quelques citations à l'appui de ce que vous venez de dire. Michel Leiris: « Le torero, droit comme un cri, tout près de lui le souffle, et tout autour la rumeur[1]. » José Tomás: « En partant, je laisse mon corps à l'hôtel. » Juan Belmonte, l'un des plus grands matadors du XXe siècle: « Si tu veux toréer bien, oublie que tu as un corps. » Luis Miguel Dominguín pour finir: « Quand le torero s'habille de lumière pour entrer dans l'arène, il n'a plus peur de mourir car il est déjà mort, sinon il n'entrerait pas. »[2] Il n'y a rien de plus contre nature que d'attendre un taureau sans bouger quand il charge. Le tortionnaire, lui, ne s'expose à aucun risque. Il jouit, au contraire, de faire mal en toute sécurité.

1. Michel Leiris, *Miroir de la tauromachie*, Fata Morgana, 1981.
2. Juan Belmonte et Luis Miguel Dominguín, cités par José Bergamín, *Le Torero, question palpitante*, Les Fondeurs de Briques, 2012.

EF – Ce que Francis Wolff présente comme l'agressivité du *toro bravo*, du taureau zootechnicisé, et dont on a créé et développé les capacités d'agressivité, j'y vois une manière de martyriser la force. Cet argument des endomorphines selon lequel il attaque au lieu de souffrir signale bien plutôt à mes yeux le summum de l'hétéronomie et de la passivité. Et je redis que, quelles que soient les considérations sur le courage du torero et le respect qu'il manifeste à l'égard de son adversaire, ce taureau est épuisé par le supplice que l'on lui fait subir dans les deux premiers *tercios*, et quand il arrive au troisième tiers, parfois l'estocade a lieu sur le taureau à genoux. Au fond, cet usage de concepts éthiques, comme si le taureau partageait la même vertu de courage que le torero me semble bien malvenu pour juger de ce face-à-face.

FW – Aucune estocade ne se fait à taureau agenouillé. C'est interdit, ce n'est pas possible, cela n'a pas de sens. L'estocade se fait lorsque le taureau est cadré, immobile, les quatre pattes à angle droit ; à ce moment-là, c'est le geste à la fois le plus risqué pour le torero et la minute de vérité : il doit se jeter entre les cornes et détourner, par son chiffon qui s'appelle la *muleta* avec sa main gauche, la corne qui doit le frôler. Évidemment, dès que le taureau est à genoux, le torero ne peut plus s'en approcher, son travail si je puis dire est fini, et éventuellement un coup de boucherie l'achèvera, par ce que l'on appelle la « *puntilla* ». Non : l'estocade doit se faire loyalement, c'est-à-dire à taureau debout et qui peut en effet blesser le torero. Ce n'est pas un point de détail.

EF – Nous nous querellons, parce que les faits que nous rapportons l'un et l'autre proviennent de sources antagonistes. C'est parole contre parole, et pourquoi celle de l'aficionado l'emporterait-elle sur celle de l'homme sensible ?

FW – Non. J'ai vu près de mille cinq cents corridas, je n'ai jamais vu une seule fois un torero entrer *a matar*, c'est-à-dire estoquant avec le taureau à genoux. Ce n'est pas possible, ce n'est pas pensable, c'est interdit. Dès que le taureau est à genoux, le torero doit se retirer. La corrida est terminée.

Éventuellement, le *puntillero* viendra lui donner le coup de grâce dans les secondes qui suivent. Mais cela ne fait pas partie de la corrida.

EF – Et dans les coulisses ?

FW – Non, pas du tout. Vous parlez d'autre chose. C'est au Portugal, et c'est un spectacle cruel. Ne pas tuer le taureau en public, voilà la véritable cruauté. Une fois blessé, que le taureau sera ramené en coulisses, ni vu ni connu, et, dans des conditions incontrôlables de contention, alors même qu'il ne peut plus combattre, c'est-à-dire exprimer son agressivité pour surmonter sa douleur, à ce moment-là, il sera tué dans les coulisses. Excusez-moi, Elisabeth, puisque vous avez parlé de sensibilité, je comprends très bien la vôtre, et je comprends très bien celle des gens qui ne peuvent pas imaginer, et *a fortiori* peut-être voir un animal blessé et un animal mourant. Acceptez notre sensibilité. Ce n'est pas ce que nous voulons voir, ce n'est pas ce que nous allons voir, ce n'est pas ce que nous voyons. Il y a toujours deux façons de décrire le même spectacle, et je pourrais vous décrire celui du pêcheur à la ligne non pas comme le plaisir paisible de ce brave homme qui passe son dimanche à pêcher des poissons, mais comme je l'ai vu moi-même à l'âge de douze ans, comme quelque chose d'abominable, dans lequel un hameçon entre dans la bouche du poisson, on sait que le poisson souffre, ensuite il agonise dans le seau pendant de longues minutes. Je l'ai vu ; mais ce n'est pas comme cela que d'autres voient le pêcheur à la ligne. Acceptez que je voie la corrida avec un autre œil que vous.

EF – Je suis bien d'accord avec vous sur la cruauté ordinaire de la pêche. Mais la vraie question, c'est la cruauté offerte en spectacle. Du reste, comment se fait-il que vous convoquiez Platon, Aristote, les stoïciens et les épicuriens plutôt que de vous référer à une certaine tradition dionysiaque, dionysienne, des Grecs ? En l'occurrence la corrida n'a rien à voir avec cette tradition, puisqu'en réalité les spectateurs ne participent pas, ils ne font que regarder.

Les spectateurs sont pour moi de purs voyeurs, parce que regarder ces gestes très gracieux, très beaux peut-être, mais qui infligent gratuitement de la douleur, en tout cas pendant les deux premiers *tercios*, c'est vraiment être là dans une jouissance que je trouve très suspecte. Alors, pour un homme comme vous, extrêmement instruit, extrêmement compétent en la matière, c'est tout à fait autre chose. Vous faites partie de ces gens du premier rang, en bas des arènes, qui, quand on laisse agoniser le taureau, se lèvent pour saluer son agonie alors que les gens d'en haut, moins cultivés, s'en prennent au torero qui n'achève pas le taureau. Vous faites partie de ces gens distingués du bas de l'arène, alors que la plupart des autres ont une attitude de spectateur voyeur. Les textes de Georges Bataille sur la jouissance des hommes et des femmes laissent une impression désastreuse, et votre mérite à vous, Francis Wolff, je voudrais le dire, c'est de vous être saisi de la métaphore de la philosophie pour évoquer la corrida.

FW – Le regretté Georges Bataille, c'était une autre époque, c'était le surréalisme, c'était une apologie de la cruauté qui avait son esthétique et n'a plus de sens aujourd'hui.

Sur les spectateurs voyeurs : je n'interprète pas, moi, le regard de ceux qui rejettent la corrida, en disant qu'ils projettent, qu'ils font je ne sais trop quoi, de l'introjection, qu'ils se mettent à la place du taureau... Pourquoi interprétez-vous notre regard, en disant qu'il dissimule, qu'il est voyeur, qu'il est pervers, qu'il cache des bas instincts et autres choses abominables ? Non. Je vous dis : nous, et je parle au nom de tous ceux que je connais et des gens du peuple comme vous dites, n'allons pas à la corrida pour nous repaître d'un spectacle cruel mais, je le répète, pour admirer. Parlons un petit peu de ce spectacle. Vous me reprochez d'avoir suivi une voie plus apollinienne que dionysiaque. Je dirais que la corrida nous offre deux types de plaisirs esthétiques – car il faut quand même en parler. Nous n'allons pas aux arènes pour autre chose. Elle nous offre sans doute quelque chose qui relève du dionysiaque et que je préfère appeler du sublime, au sens que cela avait au XVIIIe siècle. Quelque chose qui est de l'ordre de la grandeur, de la démesure, d'une perception que nous n'arrivons même pas à comprendre, c'est-à-dire à adapter aux limites de notre perception. Cela, c'est en effet la corrida. La violence du taureau, l'espèce de ballet, ces premières impressions dont parlait tout à l'heure Alain Finkielkraut et dont je me souviens moi-même, cela relève de l'esthétique du sublime. En revanche, le *toreo*, c'est-à-dire la geste du torero face au taureau lorsqu'il conduit cette charge, lorsqu'il la mène, lorsqu'il la ralentit, lorsqu'il la courbe, lorsqu'il oppose cet ordre qu'il met au désordre de la charge, lorsqu'il transforme ce chaos en espèce d'harmonie, cela relève de l'esthétique apollinienne, de l'esthétique du beau. Ce sont deux types d'esthétiques opposées en effet, l'esthétique que vous appelez dionysiaque et que j'appelle l'esthétique du sublime, du spectacle, avec son côté extraordinairement théâtral, voire parfois jusqu'au ridicule, et par moments ce qui nous émeut aux larmes, ce qui nous bouleverse jusqu'au plus profond de nous, cela relève de l'esthétique la plus classique, de l'esthétique apollinienne, du beau.

EF – Notre débat est faussé par une difficulté indépassable : nous nous appuyons sur des témoignages contradictoires. Quand vous me dites que le taureau n'est jamais tué agenouillé au moment de l'estocade, il se trouve que j'ai lu des rapports décrivant ce « cas de figure ». Et, puisque vous me parlez d'esthétique, d'esthétique à la fois dionysienne et apollinienne, je voudrais vous lire une phrase de Delacroix, qui a peint des toreros mais n'a jamais peint de corrida. Et il a écrit : « Là où coule le sang, l'art est impossible[1]. » Qu'en pensez-vous, Francis Wolff ?

FW – Vous avez tout à fait raison, la question de savoir si la corrida est un art est une question essentielle, à laquelle d'ailleurs je me suis beaucoup intéressé. J'ai dit que la corrida était moins qu'un art et plus qu'un art. Comment vais-je justifier cela en quelques mots ? C'est en effet moins qu'un art parce qu'il n'y a pas la distance de la représentation, il n'y a pas la création d'une œuvre, nous en sommes d'accord, mais

1. Eugène Delacroix, *Journal*.

c'est le cas des arts de la performance. On pourrait dire simplement : c'est une esthétisation de la violence. Bien entendu, de ce point de vue-là, c'est moins qu'un art parce que c'est toujours menacé par la réalité de la blessure, de la mort. Encore qu'aujourd'hui tout soit possible. Mais la corrida est aussi plus qu'un art, dans la mesure où c'est un spectacle, un rite, un sport, quelque chose qui s'adresse à la totalité de nos sens. Et il y a une dimension éthique essentielle qui fait que l'art de la corrida n'est pas possible sans sa dimension de combat, et que le combat n'aurait pas de sens, sans sa dimension esthétique.

AF – Vous parlez de dimension éthique, Francis Wolff, et parmi les dix commandements d'un torero que vous énoncez dans votre livre *Philosophie de la corrida*, je retiens celui-ci : « Tu seras tel que tu te montres[1]. » J'ai pensé, en le découvrant, à Machiavel : « Parais ce que tu souhaites être[2] » et à Hannah Arendt : « L'homme courageux est l'homme qui a décidé que ce n'est pas le spectacle de la peur qu'il veut donner[3]. » L'apparence est réhabilitée. Il ne s'agit pas d'être soi-même, comme nous y invite la morale d'aujourd'hui, mais de ressembler à l'image que l'on veut donner. Et si ce spectacle m'en a finalement imposé, c'est parce qu'il est un des derniers lieux où la forme dicte le comportement. Le sport autrefois appartenait de plein droit au monde de la forme. Plus maintenant. On le voit même au tennis, où les champions font des bras d'honneur, demandent que l'on les applaudisse, se roulent par terre quand ils ont gagné. Il y a un rituel et un formalisme dans la corrida auxquels on peut être d'autant plus attaché que partout l'informe gagne.

EF – Encore une fois, et c'est le fond du problème, j'ai du mal à accepter que Francis Wolff parle de dimension éthique à propos de la corrida, cette longue torture – je

1. Francis Wolff, *Philosophie de la corrida*, Fayard, 2007.
2. Machival cité par Hannah Arendt in « De la Révolution », *L'Humaine Condition*, Gallimard, 2012.
3. *Ibid.*

maintiens le mot – et de la mise à mort-spectacle. D'autant que cette référence, qui est la plus importante dans vos livres, à l'humanisme stoïcien, au courage stoïcien, me semble dater. Ce modèle me paraît périmé, à cause des crimes du XXe siècle, d'une certaine orientation philosophique nouvelle, que vous n'êtes pas obligé de partager, et à laquelle j'adhère, bien qu'avec quelques réserves ; elle porte le nom d'un livre de Levinas : *Humanisme de l'autre homme*[1]. C'est une conversion à une conception de l'humain moins virile, plus passive, moins ancrée dans la maîtrise, dans la domination, et moins tributaire de l'humanisme métaphysique. Francis Wolff, je vous redis que vos métaphores philosophiques sont beaucoup plus belles à mes yeux que tout ce qui a pu être écrit avant vous sur la corrida. Vous êtes philosophe de la Grèce, vous vous référez aux philosophes grecs, c'est votre droit et c'est votre excellence, mais enfin, nous avons déjà appris de Nietzsche que penser de cette posture stoïcienne.

FW – Je m'appuie sur le stoïcisme, mais aussi sur d'autres philosophes grecs, et il m'arrive aussi de m'appuyer sur des philosophes contemporains.

EF – Je dois dire que ce que vous écrivez sur Aristote dans ce contexte apologétique est très beau. Mais je continue à ne pas voir comment intervient l'éthique.

FW – Je voudrais d'abord ajouter quelque chose à ce que disait Alain Finkielkraut un peu plus tôt sur : « tu seras tel que tu te montres ». Ce qui est profondément éthique, ce n'est pas obéissance aux lois universalistes, c'est le fait que le torero met l'image de soi au-dessus de la conservation de soi. C'est le fond de son comportement. Opposer son immobilité à la mobilité, ne pas transmettre ses sentiments, son émotion, sa peur, ne pas en être victime, être maître de soi : en effet, c'est daté, vous avez raison. C'est précisément parce que c'est daté que je le défends dans l'arène. C'est précisément parce que c'est archaïque, parce que nous n'avons pas

1. Emmanuel Levinas, *Humanisme de l'autre homme*, Fata Morgana, 1972.

à nous plier à cette morale, qui a été héritée en effet de l'aristocratie du XVIIIe siècle, elle-même héritière d'une certaine sagesse antique, que je la défends dans l'arène. Nous retrouvons dans l'arène quelque chose de profondément ancré en nous, en notre sagesse, et qui n'a pas de sens ailleurs. Mettre l'image de soi au-dessus de la conservation de soi, je vous citerai à ce propos un philosophe qui n'était pas stoïcien, qui est saint Vincent de Paul : « Me croyez-vous assez égoïste pour préférer ma vie à moi-même ? » voilà l'éthique du torero, et celle de José Tomás, puisqu'il en a été question plusieurs fois.

AF – Il me semble que la manière dont Hannah Arendt définissait le courage entre résonance avec l'éthique dont vous parliez, Francis Wolff, et on ne peut pas dire qu'elle n'ait pas tenu compte du XXe siècle. Je crois que cette réhabilitation des apparences, ce renversement du rapport de l'être et du paraître ont une certaine actualité.

Mais j'aurais, Francis Wolff, une perplexité à faire valoir, parce qu'il y a des choses que l'on ne voit plus dans la corrida, mais que l'on voyait, et qui visiblement ne dérangeaient pas les aficionados – certains même se désolent que l'on ne les voie plus. Ainsi le sort fait au cheval. J'ai aimé *Le Miroir de la tauromachie* de Leiris, et même sa définition érotique de la corrida, mais ce qui m'a heurté, c'est la phrase où il dit « au taureau la mort noble, qu'il reçoit à coups d'épée, aux chevaux le rôle passivement éventré, le rôle de latrines[1] ». Voilà le terme qu'il utilise. En effet, les chevaux des picadors n'étaient pas caparaçonnés comme aujourd'hui, donc ils mouraient. La description de Hemingway dans un livre par ailleurs très beau, *Mort dans l'après-midi*, est absolument insoutenable. Il va jusqu'à écrire que la mort du cheval est comique : « Il n'y a certes rien de comique selon nos critères habituels à voir un animal vidé de son contenu viscéral, mais si cet animal, au lieu de faire quelque chose de tragique, c'est-à-dire empreint de dignité, galope, avec un air roide de vieille demoiselle autour d'une piste en traînant le contraire des

1. Michel Leiris, *op. cit.*

nuées de la gloire derrière lui, c'est aussi comique lorsque ce qu'il traîne est réel, que lorsque les Fratellini en donnent une parodie burlesque, où les viscères sont représentés par des rouleaux de pansements, des saucisses et d'autres choses[1]. » On ne peut plus lire cela aujourd'hui sans être scandalisé. Cette cruauté existait, elle ne gênait pas les aficionados... Cela nous révèle-t-il quelque chose de l'essence de la corrida ?

FW – Évidemment, ces phrases aujourd'hui ont perdu tout leur sens, elles nous révoltent, elles me révoltent tout autant, je rappelle que les chevaux sont caparaçonnés depuis les années 20, c'est-à-dire depuis Primo de Rivera, et que ni moi ni la génération antérieure n'a vu ces regrettables et abominables spectacles et que Hemingway, s'il n'en fait pas l'apologie, traite avec désinvolture. Cela dit-il quelque chose de la corrida ? Cela nous rappelle qu'il y a une ou deux générations, nul dans les campagnes ne se scandalisait des cris du porc que l'on tuait. Les sensibilités ont évolué. Je signale cependant que c'est au moment où on vote la loi Grammont, en 1850, que la corrida est introduite en France. La loi Grammont visait à défendre les chevaux maltraités dans les villes par leurs cochers. C'est l'hippophagie au XIXe siècle qui a sauvé les chevaux, et il est comique de voir qu'aujourd'hui les prétendus groupes de défense des animaux mettent en péril la race chevaline en interdisant l'hippophagie et en réduisant le cheval à un animal de compagnie.

Donc, la corrida a une essence, une constante qui sont les trois tiers, les piques, les banderilles, et le duel, et la mise à mort en public, que je défends, que nous défendons tous. Le reste ne fait pas partie de son essence.

AF – J'ai une ultime question à poser à l'un et à l'autre : vous avez parlé de la loi Grammont, qui a été votée en 1850 et punissait d'amende et de prison ceux qui exercent publiquement et abusivement de mauvais traitements envers les animaux domestiques. Les taureaux ont été considérés

1. Ernest Hemingway, *Mort dans l'après-midi*, Folio, 1972.

comme des animaux domestiques, puisque, disait un arrêté de 1895, « le taureau subit la domination de l'homme, est sélectionné par lui, est élevé dans des pâturages clos, et en fait reçoit sa nourriture de lui ». Mais un vote en 1951 a ajouté un alinéa à la loi Grammont : « La présente loi n'est pas applicable aux courses de taureaux, lorsqu'une tradition ininterrompue peut être invoquée. » Le CRAC a fait un recours auprès du Conseil constitutionnel pour demander l'interdiction de la corrida. Le Conseil constitutionnel n'a pas suivi. Donc la corrida reste autorisée dans le sud de la France, à Nîmes par exemple. Que faut-il faire aujourd'hui ? Je me tourne vers vous, Elisabeth de Fontenay. Vous dites que vous soutenez le CRAC. Considérez-vous que c'est une cause essentielle et qu'il faut continuer à militer pour l'interdiction de la corrida sur tout le territoire français, voire en Espagne un jour ?

EF – C'est une cause à la fois particulière et essentielle. Nous – je dis « nous » puisque j'ai signé avec le CRAC – nous avons perdu au Conseil constitutionnel et je respecte la décision de cette instance de la République, mais nous irons devant d'autres cours, et nous gagnerons un jour. Je voudrais revenir, parce que je suis loin d'y être insensible, ayant été élevée dans ces valeurs-là, à la défense que vous faites l'un et l'autre du beau geste, de l'apparence, et vous allez même jusqu'à vous référer, Alain Finkielkraut, à Hannah Arendt, ce qui me semble tout à fait incongru. C'est exactement ce que l'on appelle la morale aristocratique, qui exalte l'honneur militaire, l'honneur du nom. La philosophie m'a fait rompre avec ce genre de modèle. Je ne peux donc pas accepter votre impressionnant système de justification éthique, en ce qu'il se réfère à ces valeurs dont je continue à dire qu'elles sont moins que jamais universalisables et donc partageables. Je ne dis pas que nous pouvons nous permettre de cracher sur ce que l'on appelle le sens de l'honneur, mais il faut comprendre que ce modèle de virilité, de courage, de maîtrise, a fait son temps, dans un monde traumatisé par les crimes du XXe siècle.

AF – Mais tout de même, Elisabeth, la Résistance avait à voir avec l'honneur.

EF – Certes, mais vous n'allez tout de même pas mettre la Résistance sur le même plan que la corrida, sinon vous nous rendrez fous !

AF – Non, c'est vous qui allez me rendre fou ! Vous dites : l'honneur a été périmé par le XXe siècle. Je dis : s'il n'y avait pas eu d'honneur pour les résistants, il n'y aurait pas eu de Résistance. Donc l'honneur n'a pas été périmé par le XXe siècle.

EF – La Résistance a eu lieu avant la révélation des crimes nazis, et avant le fait que ces hommes debout, ces hommes d'honneur aient marqué leur peu de considération pour « ceux qui se sont laissé emmener comme des brebis à l'abattoir ». L'éthique qui s'essaie après la Seconde Guerre mondiale n'a plus rien de commun avec celle d'avant les sombres temps.

FW – Dans toute attaque contre la corrida, une chose m'est insupportable, c'est que l'on invoque les grands crimes du XXe siècle. Ce n'est pas permis. Je réagis au mot de « torture » avec indignation, je réagis à cette assimilation avec dégoût. J'ai plus d'un motif, et pas simplement personnel, d'être dégoûté par ce genre d'assimilations, et les mails que je reçois ne peuvent pas ne pas me toucher à la fin. S'il faut conclure, je dirai simplement ceci : il est possible qu'un jour, Elisabeth, vous et vos amis gagniez, et que la corrida soit interdite. Ne vous réjouissez pas trop vite, et j'espère être mort ce jour-là. L'humanité n'a pas à y gagner grand-chose, et l'animalité peut y perdre. Je veux dire : que restera-t-il pour peupler les rêves de l'humanité, de son autre qui est l'animal, de son autre parfois redoutable, parfois nuisible, parfois admirable, lorsqu'il ne restera plus pour peupler ses rêves que des chats sur des moquettes à qui on aura coupé les ongles et coupé les couilles, en tout cas dans nos chaumières, pas en Afrique, pas là où l'on sait encore ce que c'est que l'animal redouté ou l'animal nuisible, que restera-t-il des rêves de l'humanité ? Nous les aurons, et, je le crains, vous les aurez appauvris. La corrida est un des lieux où se joue encore un rapport réel, risqué, humain avec l'animalité.

2

VIVE LES VACHES

Avec Benoît Duteurtre et François Morel

AF – Dans le bestiaire amoureux ou amical de l'homme d'Occident, la vache occupe une place subalterne. Les bovins sont des parents pauvres. Pour s'en convaincre, il suffit de comparer le destin sémantique de *vacherie* à celui de *chevalerie*. Et nul ne songerait à crier, pour exprimer sa révolte contre l'autorité: « Mort aux chats », « Mort aux rouges-gorges », ou « Mort aux tigres ». Ni animal de compagnie, ni fauve touristique, la vache paie au prix fort sa secondarité, son statut d'animal inférieur, son corps lourd, son regard vide, son esprit lent. La vache, pour son malheur, incarne la bêtise des bêtes. À réparer cette injustice métaphysique je voudrais aujourd'hui m'atteler, avec Benoît Duteurtre et François Morel. François Morel, tout le monde le connaît, comme comédien, irrésistible complice de Jérôme Deschamps et Macha Makeïeff, mais il écrit aussi des livres, notamment un récit sobrement intitulé *Meuh !*. Benoît Duteurtre vient de publier une nouvelle version d'un roman paru en 1987, précédé et suivi de nouvelles réflexions sur la vache d'aujourd'hui, le tout sous ce titre méditatif: *À propos des vaches*[1]. Qu'y a-t-il donc à dire sur les vaches pour réveiller nos contemporains de leur mépris ou de leur indifférence ?

1. Benoît Duteurtre, *À propos des vaches*, Calmann-Lévy, 1987; Les Belles Lettres, 2000.

BD – Vous dites que la vache est un animal peu considéré parce qu'il passe pour bête, plus encore que les autres bêtes ; et voici peut-être une des questions principales. Car on trouve chez les êtres humains une tendance à l'autoencensement qui les conduit à rechercher un miroir flatteur d'eux-mêmes. C'est pourquoi ils préfèrent s'identifier à des animaux qui mettent en valeur les vertus humaines les plus éclatantes : l'aigle, le cheval, le lion, tous ces animaux nobles qui renvoient une image de liberté (c'est-à-dire peut-être ce que l'on n'a pas, ou ce dont on rêve), de force, de sauvagerie, d'affranchissement... Cette vanité ne manque pas de lyrisme ; mais elle n'est pas non plus dépourvue de ridicule. À l'inverse, il m'a toujours semblé que les animaux réputés ridicules nous renvoyaient une autre image de nous-mêmes, et que cette image-là par certains côtés est plus juste, plus subtile, plus touchante : ce n'est plus la société humaine considérée comme un rassemblement d'individus, grimpant toujours vers des cieux plus élevés, mais, au contraire, le théâtre de l'humanité vue avec toutes ses maladresses, ses lenteurs, ses mouvements parfois un peu ratés, sa drôlerie, qui est évidemment incompatible avec le lyrisme ; c'est pourquoi personnellement, j'ai toujours éprouvé plus d'intérêt pour la vache, la poule, le cochon que pour les animaux réputés nobles.

AF – Quand vous dites « toujours », cela remonte à très loin dans votre enfance, et peut-être même à une époque antérieure à celle où vous pouviez formuler, rationaliser cette attirance. Vous avez été spontanément attiré par les vaches.

BD – Oui. C'est un des sujets de ce livre : j'y évoque des souvenirs d'enfance dans les Vosges, et notamment cette familiarité avec les basses-cours qui a été très importante, pour moi, quand je fréquentais ces petites fermes intimes où vivaient trois vaches, quelques poules et un cochon, que l'on pouvait connaître d'assez près. Mais cette attirance correspond aussi à un trait de ma personnalité (la personnalité, ça commence très petit) : j'ai toujours préféré Molière à Racine ; j'aime observer le jeu des comportements et, en ce sens, la basse-cour offre un miroir extraordinaire de l'humanité.

AF – Je n'ai pas eu la même expérience que vous, j'ai eu une enfance urbaine, enfermée dans la ville, mais j'avais une basse-cour si je puis dire, avec *Les Contes du chat perché* de Marcel Aymé qui sont mon premier grand émoi de lecteur. Ce que j'ai aimé avant toute chose, ce sont ces animaux qui parlaient, donc cette sorte de familiarité que vous avez connue vous *in vivo*. Et vous, François Morel, est-ce la même expérience qui vous a amené à écrire *Meuh !* ?

FM – Un petit peu. J'ai eu l'impression que Benoît était plus urbain que moi : il habitait une ville et il allait à la campagne pendant les vacances, alors que moi je suis vraiment un petit garçon de la campagne. Et je crois me souvenir d'avoir redécouvert les vaches un peu plus tard, quand je suis devenu moi-même citadin, et aussi quand j'ai lu Marcel Aymé, et un texte que j'aime beaucoup d'André Frédéric, un humoriste de la radio. Il raconte comment il s'était transformé en bœuf, le livre se termine sur cette phrase : « C'est pour cela qu'il y avait un bœuf à l'enterrement de ma mère. » C'est un texte absolument bouleversant.

AF – Il vous a donc inspiré ?

FM – Oui. C'était le point de départ pour écrire *Meuh !*.

AF – *Meuh !* c'est l'histoire d'une métamorphose.

FM – Oui. Ç'a été écrit après Kafka mais avant *Truismes*.

AF – On peut donc le situer dans l'histoire de la littérature mondiale entre Kafka et Marie Darrieussecq. Quel était votre but en essayant de donner corps à cette idée de métamorphose ? D'où cela vous est-il venu, et pourquoi ?

FM – Il y a plusieurs idées. C'est ce que vous avez dit au départ : aux parents pauvres. Dans le travail que l'on a fait avec Jérôme Deschamps et Macha Makeïeff, je m'intéresse plutôt à ceux qui ne sont jamais médiatisés – donc plutôt à la vache qu'au lion. Et puis, quand on regarde une vache, on a l'impression que c'est comme une page blanche, on peut lui prêter absolument tous les sentiments que l'on veut. Benoît Duteurtre le souligne, il est difficile de communiquer avec une vache, car il n'y a pas grand-chose dans son regard. Je crois qu'il y a d'autres raisons, mais qui ne sont pas simples à élucider.

BD – Pour rester dans le domaine littéraire, j'ai toujours été fasciné par ce jeu de mimétisme entre l'homme et l'animal que l'on trouve, je crois, dans toute l'histoire littéraire. Ce sont les fables d'Ésope puis de La Fontaine, mais aussi *Le Roman de Renart*, ce morceau fondateur de toute la littérature européenne. Ces effets de miroir entre les animaux et les humains sont une des choses les plus vivantes, les plus drôles et les plus touchantes de la littérature. On les retrouve effectivement jusqu'à Marcel Aymé, mais on pourrait citer aussi Orwell, *La Ferme des animaux*. Même dans l'imaginaire contemporain, l'animal humain est omniprésent. Le dessin animé, par exemple, de Tex Avery, de Walt Disney et de nombreux autres, se fonde souvent sur ce jeu, irrésistible pour les enfants, qui consiste à montrer un cochon habillé en charcutier, un chien habillé en policier etc.

AF – Peut-être faut-il remonter plus loin encore en arrière, si l'on s'intéresse au bestiaire occidental dans toute son ampleur. Les bœufs et les vaches ont eu leur heure de gloire dans la Grèce antique, ne fût-ce qu'à cause des sacrifices. L'animal sacrificiel, c'était aussi un animal surélevé, promu à quelque chose. Et l'on trouve la trace de cette admiration même dans la poésie moderne, par exemple chez Leconte de Lisle dans ses *Poèmes antiques*. Je vais lire une strophe d'un poème intitulé « Midi » : « Non loin, quelques bœufs blancs, couchés parmi les herbes/Bavent avec lenteur sur leurs fanons épais,/Et suivent de leurs yeux languissants et superbes/Le songe intérieur qu'ils n'achèvent jamais. » C'est magnifique, c'est une belle méditation sur ce regard, qui semble vide et en même temps très profond, des vaches. Vous avez d'ailleurs dans votre livre, Benoît Duteurtre, des échanges nombreux avec les vaches. Le regard compte énormément.

BD – Oui c'est la chose essentielle dans mes tentatives de dialogue avec les vaches. En général cela se passe dans un champ, je m'approche de la clôture, j'attends que les vaches viennent, parce qu'elles finissent toujours par venir. Et je suis enchanté par leur curiosité. Les vaches peuvent être à l'autre bout du pré, dès qu'elles voient quelqu'un approcher, dès qu'elles voient quelqu'un bouger, elles tournent la tête les unes après les autres, et elles regardent fixement, avec un mélange de lenteur, d'apparente incompréhension, et de véritable intérêt pour essayer de saisir ce qui se passe. Telle est d'ailleurs la question centrale de ce livre : essayer de comprendre ce qui se passe à ce moment-là dans la tête de la vache. Elle se demande qui est ce personnage, pourquoi bouge-t-il, est-ce qu'il vient vers moi, est-ce une autre vache ou autre chose encore ? Enfin, à un moment, nous finissons par nous rapprocher, par nous regarder les yeux dans les yeux, et ce sont des échanges profonds. J'ignore en fait ce que pense la vache, mais je me demande, moi, en tant qu'être humain : que faisons-nous côte à côte sur cette planète ? Pourquoi sommes-nous là égarés dans ce champ, face à face, si proches depuis la nuit des temps, et en même temps incapables d'échanger un mot ? Pourquoi sommes-nous ici dans ce mélange de familiarité extrême des êtres vivants, et de distance infinie entre ceux qui ne pourront jamais vraiment se comprendre ?

FM – L'image de la vache au XXe siècle, c'est celle qui regarde passer les trains, et c'est vraiment l'anachronisme de la vache : elle ne bouge pas. Nous sommes très agités, nous avons beaucoup d'occupations, nous prenons le train, l'avion, et la vache reste là. Et évidemment, quand on la voit comme cela, immobile, on se dit : est-ce qu'elle n'a pas plus raison que moi qui m'agite – pour quoi faire ? Elle vit, elle meurt, est-ce que je suis plus malin qu'elle ?

BD – En même temps, ce que je trouve assez drôle, c'est qu'à chaque passage du train elle semble reprendre son raisonnement au début, comme si elle n'avait jamais vu passer un train et qu'elle se redemandait : quelle est donc cette chose qui passe ? Elle suit alors une nouvelle fois le mouvement et refait toute son analyse, suivie par les autres vaches; puis elle recommencera exactement de la même façon le lendemain, revenant au point de départ de sa réflexion. Dans une époque qui est tellement vouée, comme le dit François Morel, au culte de la vitesse, la vache est une héroïne, une déesse de la lenteur, valeur sur laquelle on pourrait insister.

AF – La lenteur, une valeur disparue. Ce qui me frappe, de manière plus générale, c'est que notre époque a perdu la foi scientiste dans le progrès, mais qu'en même temps, elle refuse de regarder derrière elle et de chercher dans le passé des leçons possibles pour échapper à ses propres impasses. Je voudrais faire ici le contraire, et citer un passage du *De rerum natura* de Lucrèce, très beau et empli d'un savoir qui nous manque aujourd'hui, et que vous souhaitez, Benoît Duteurtre, remettre à l'honneur. Ce savoir, c'est la connaissance de la singularité. L'idée que la réalité est faite d'êtres singuliers, et la réalité animale aussi. « Si tu examines successivement chaque être de chaque espèce, tu trouveras entre eux des différences de formes, autrement le petit ne pourrait reconnaître sa mère, ni la mère son petit. Or ils peuvent, nous le voyons. Les animaux entre eux se connaissent, non moins que les hommes[1]. » Or, de cette connaissance-là nous ne savons plus rien, comme vous le rappelez, Benoît Duteurtre, en citant Alain dans votre livre.

BD – Oui, il dit que ce serait insupportable, pour nous, d'imaginer que la vache puisse avoir sur son veau un regard individuel et singulier.

AF – « Il n'est pas permis de supposer l'esprit dans les bêtes, car cette pensée n'a point d'issue. Tout l'ordre serait aussitôt menacé si l'on laissait croire que le petit veau aime sa mère ou qu'il craint la mort, ou seulement qu'il voit l'homme. L'œil animal n'est pas un œil, l'œil esclave non plus n'est pas un œil, et le tyran n'aime pas le voir[2]. » Si l'on compare Alain et Lucrèce, on est amené à se dire que quelque chose s'est

1. Lucrèce, *De rerum natura*, Les Belles Lettres, 2009.
2. Benoît Duteurtre, *op. cit.*

perdu. Or notre époque, imbue de l'idée de progrès, répugne à penser qu'elle a perdu quelque chose.

BD – Je crois que c'est la conséquence de la domestication de plus en plus massive de certaines espèces à des fins utilitaires. Ces espèces-là, que nous traitons comme des marchandises vouées au rendement, nous éprouvons également le besoin (comme pour nous déculpabiliser) de leur dénier toute forme d'individualité – alors qu'il existe bel et bien une individualité de chaque poule ou de chaque cochon. J'ai essayé d'observer les comportements de plusieurs poules dans une basse-cour et ils apparaissent complètement différents. Voilà quelque chose d'inadmissible, alors que ces animaux sont devenus purement fonctionnels dans les élevages intensifs. Il existe toutefois deux catégories d'animaux auxquels on prête toujours une individualité. D'abord l'animal sauvage, idéalisé, auquel nous n'avons guère accès directement. J'aime bien les zoos, contrairement à beaucoup de défenseurs de la nature, car ils permettent quand même une forme de contact avec ces bêtes sauvages. Mais pour l'essentiel ce sont des animaux lointains, réduits aux images des documentaires animaliers qui soulignent la force de leur personnalité. L'autre catégorie, c'est l'animal de compagnie, domestiqué mais chouchouté, adulé par l'homme moderne – le chien, le chat, etc. Entre ces deux catégories se tient la masse énorme, quasi invisible du cheptel industrialisé ; et il est inacceptable pour l'homme, vu la façon dont il traite ces animaux-là, d'imaginer qu'ils puissent avoir une individualité. Les fermiers d'autrefois n'étaient pas des anges avec leurs bêtes ; mais ils savaient que chacune de leurs vaches avait un comportement particulier. Aujourd'hui, il ne s'agit plus que d'immenses troupeaux gérés à distance, où toute notion d'individualité a disparu.

FM – Les vaches ne sont plus prénommées, par exemple.

AF – Elles sont numérotées. Vous le dites, l'un et l'autre, c'est assez important. Elles ont un numéro sur l'oreille.

BD – Je trouve cela épouvantable. On répliquera: « C'est une réaction d'esthète, il ne supporte pas que l'on mette un numéro sur ces animaux. » Je suppose d'ailleurs que l'on pourrait également numéroter les arbres de la forêt, puisque ce sont aussi des produits voués à un rendement – ce serait tout aussi atroce. Oui, c'est une réaction d'esthète, mais en même temps, cet « esthétisme » n'est-il pas un angle de vision aussi important que celui du rendement, de l'économie, de la productivité ?

AF – François Morel, si vous racontez la réincarnation d'un petit garçon en vache, c'est bien aussi par souci d'individualiser les vaches, puisque la vache qu'il est n'est pas une autre vache.

FM – Absolument. Tous les livres que l'on a apportés parlent de ce sujet: sortir un individu du troupeau. J'ai trouvé un livre que vous connaissez peut-être, qui s'appelle *Olga ma vache*, de Dubillard, qui est défini comme un humoriste lugubre: « Il y avait là une petite vache à décrire plutôt qu'à peindre. Ça m'est pénible de la décrire. Scientifiquement c'était une génisse, mais ces questions de virginité m'ennuyaient. Elle était blanche avec des taches marron. Ce qui frappait c'étaient ses yeux très beaux, très tristes, entourés de cils blonds très longs, très propres. Une tête pensante, patiente, d'où deux petites cornes sortaient peu à peu, sans qu'elle s'en aperçût la vache, comme dirait un poète[1]. » À propos de transformation, les parents en général s'attendent à ce que leur enfant devienne autre chose qu'une vache laitière. Ils espèrent qu'il sera banquier, professeur de mathématiques ou qu'il présentera des émissions sur France Culture, mais sûrement pas qu'il sera vache laitière. C'était cela qui m'amusait. J'y voyais une métaphore pour parler des relations entre les gens. C'est assez éloigné évidemment, mais, en écrivant, j'ai pensé à Annie Ernaux.

AF – Pourquoi ?

1. Roland Dubillard, *Olga ma vache*, Gallimard, 1974.

FM – J'aime beaucoup *La Place* et *Une femme*, deux livres qui sont aussi sur ce rapport-là, sur le fait que les enfants deviennent des « choses » auxquelles les parents ne s'attendaient pas. J'avais envie que le moment où la maman vient dans l'étable essayer de rencontrer les camarades de son fils, Marguerite, Paula, etc., soit bouleversant. Elle se dit que ce n'est pas ce qu'elle avait espéré. Je voulais raconter ce décalage, et la difficulté de vivre avec ses parents, de grandir, de devenir quelqu'un que les parents n'avaient pas forcément souhaité que l'on soit. Je voulais cette douleur-là, or je serais incapable d'en parler sérieusement, j'avais envie de trouver le décalage pour le faire.

AF – Le décalage, vous l'avez trouvé dans la vache, et pas dans un autre animal... Cela a quand même une signification qui n'est pas purement métaphorique. Il y a la métaphore et il y a la littéralité aussi.

FM – S'il était devenu un beau cheval, peut-être que la mère aurait été fière. Il aurait pu gagner des courses...

AF – Nous en revenons à l'idée que la vache est cet animal inférieur, qui ressemble à une plaisanterie, dites-vous, Benoît Duteurtre.

BD – Exactement : « ces animaux dessinés comme des plaisanteries ». Mais cela concerne aussi l'humanité. C'est pour la même raison que je préfère par exemple le cinéma français des années 30, parce qu'il est plein de « gueules », notamment dans les seconds rôles. Ce n'est pas seulement un cinéma de jeunes premiers et de filles d'acteurs et de fils de cinéastes, tous plus mignons les uns que les autres ; c'est un cinéma de personnages un peu difformes, c'est Pauline Carton, Fernandel, Bernard Blier, Noël Roquevert... On est loin de l'esthétisme publicitaire, mais dans une esthétique plus concrète et plus troublante : celle de la basse-cour.

AF – Pour vous, les vaches, c'est donc aussi cela, ce monde plus varié qui est en train de disparaître dans le cinéma contemporain.

FM – Le cinéma dont vous parlez est vraiment un monde d'individus. Carette ne ressemble à personne sauf à lui-même, alors que maintenant, quand un acteur est choisi, on a l'impression qu'il représente toute une frange de la population. C'est assez ennuyeux.

AF – En effet, l'idée fatale de représentativité s'empare du cinéma. On le voit à la télévision, avec l'obsession des quotas : au monde des individus succède le monde des communautés. À cela s'ajoute le phénomène générationnel : les nouveaux cinéastes ont entre trente et quarante ans, et leurs héros leur ressemblent, ils ont le même âge qu'eux, ils vivent dans les mêmes villes, ils traversent les mêmes crises existentielles.

BD – Ils sont tous beaux.

AF – Oui, même quand ils sont mal rasés, ils sont très séduisants.

BD – C'est pourquoi j'aime bien Bernard Menez et d'autres acteurs qui tranchent un peu.

AF – Fermons cette parenthèse du cinéma.

BD – Passons des quotas culturels aux quotas laitiers.

AF – Oui, passons aux quotas laitiers et à tout ce qu'ils signifient : la question de la vache est une vraie question métaphysique, et une question politique, si tant est que ce mot ait encore un sens noble. Avant d'en arriver à tous les problèmes posés par ce que l'on a appelé la maladie de la vache folle, je voudrais mentionner une dernière citation tirée du récit par Gombrowicz de sa *propre* rencontre avec une vache : « Je m'arrêtai et nous nous regardâmes dans le blanc des yeux. Sa vachéité surprit à ce point mon humanité que je me sentis confus en tant qu'homme, en tant que membre de l'espèce humaine[1]. » C'est la même confusion que vous évoquez l'un

1. Witold Gombrowicz, *Journal*, tome I, 1953-1958, Folio, 1995.

et l'autre. La méditation se poursuit et pose la question de Dieu : « Même si j'arrivais à croire en Dieu, je ne pourrais pas avoir face à la nature une attitude catholique, qui serait en contradiction complète avec ma conscience, avec ma façon de ressentir, à cause du problème de la douleur. Le catholicisme a fait peu de cas de toutes les créatures autres que l'homme. On peut difficilement imaginer une indifférence plus olympienne à leur douleur. L'homme qui souffre a eu son libre arbitre, sa douleur c'est le châtiment de ses péchés et la vie future compensera le plus équitablement les maux de cette vie. Mais le cheval, le vers, on les a oubliés. Dans leur souffrance, il n'y a pas de justice, c'est un fait nu, un désespoir absolu qui se déverse à flots. Je passe sur la dialectique compliquée des saints docteurs. Je parle du catholique moyen qui, se promenant dans la lumière d'une justice qui lui distribue tout ce dont il a besoin, reste sourd devant l'abîme, incommensurable, de cette autre douleur injustifiée. Qu'ils souffrent, cela ne le regarde pas du tout, ils n'ont pas d'âme, qu'ils souffrent donc absurdement. Oui, il est difficile de trouver une doctrine qui fasse moins de cas du monde extra-humain, c'est une doctrine orgueilleusement humaine, cruellement aristocratique, il n'est pas étonnant qu'elle nous ait plongés dans un état d'inconscience sereine et de sainte innocence devant la nature telle qu'elle se manifeste dans nos descriptions idylliques d'aubes et de couchers de soleil[1]. » Nous sommes sortis de la religion, mais les choses n'ont fait qu'empirer. Les vaches, on n'attend pas onze ans pour les abattre, car il faut que tout fonctionne. Dans ce monde du fonctionnement, elles n'ont plus de prénom. Cette technicisation généralisée a mené, comme vous le montrez très bien, Benoît Duteurtre, à l'épisode de la vache folle.

BD – Paradoxalement, cette tentation de réduire l'animal et la vache à un simple rouage de l'industrie agroalimentaire n'est pas une idée contemporaine, mais plutôt l'aboutissement d'une pensée bien plus ancienne. Que ce soit chez Descartes ou chez Buffon, des textes sur la domestication sont effrayants, ils considèrent qu'un animal est un esclave

1. *Ibid.*

modifiable à merci, même dans ses comportements. Ces propos terribles sont merveilleusement exprimés, comme toujours, chez Buffon, mais je me demande où se situe la limite entre cette conception et les conséquences auxquelles nous sommes arrivés aujourd'hui. Incontestablement, ce processus date en grande partie de la pensée classique et des Lumières.

AF – Avant les Lumières, il y a la cassure religieuse. La cacherout juive intégrait encore les animaux dans un univers symbolique. Mais le christianisme abolit ce système d'interdits en disant : « Ce qui rend pur, ce n'est pas ce qui entre dans la bouche mais ce qui en sort. » On peut donc manger n'importe quoi n'importe comment. Rien n'a su freiner le progrès, c'est-à-dire l'oubli des bêtes. Le christianisme comporte cependant de magnifiques exceptions, comme François d'Assise, ou Claudel qui affirme : « Tous les animaux sont morts, il n'y en a plus avec l'homme[1]. » Vous arrivez, Benoît Duteurtre, au même constat : la basse-cour était une compagnie. L'animal fonctionnel n'est plus un animal, c'est un objet.

BD – C'est un simple objet, comme une machine à laver. Dans l'affaire de la vache folle, on ne parlait jamais des vaches elles-mêmes, comme si elles disparaissaient totalement derrière une série de « problèmes » : problème économique, problème de santé, problème technique, problème de « filière ». Face à l'épidémie, il fallait réagir ; c'est pourquoi la décision a été prise de détruire tout le cheptel britannique, c'est-à-dire plusieurs millions de vaches. Mais dans les articles de journaux, comme dans les interventions des hommes politiques, cette élimination massive ne semblait pas constituer elle-même un problème, en regard des seules vraies questions. Premièrement, comment éviter que la maladie ne se transmette à l'homme ? Ce qui était certes prioritaire. Deuxièmement, comment indemniser les agriculteurs qui ont perdu leur cheptel ? Et troisièmement, comment se débarrasser des cadavres ? – ce qui a conduit à des solutions

1. Paul Claudel, *Le Poète et la Bible*, I, Gallimard, 1998.

assez effrayantes quand il fut question, par exemple, que la vache devienne un combustible pour les cimenteries, on est évidemment très loin de la simple domestication !

FM – Il a été question aussi de les envoyer en Inde.

BD – Les Indiens ont été déconcertés par cette affaire de la vache folle puisque, chez eux, la vache est un animal sacré. Certains ont fait des propositions plus ou moins sérieuses, comme de faire venir les vaches en Inde par bateau, ce qui aurait été un peu compliqué… Mais j'ai surtout été frappé, dans un discours du président de la République, Jacques Chirac, sur la vache folle, par cette phrase : « Il va falloir s'habituer à réagir vite à ce genre d'affaires. » Comme si la vache folle et sa dégénérescence – qui est plutôt le symptôme de l'homme fou – posaient simplement un problème technique d'un nouvel ordre, qu'il faudrait apprendre à régler tant il allait se répéter régulièrement. Je trouve cela très grave. La principale question que devrait poser la vache folle est celle-ci : comment a-t-on pu en arriver là ? Qu'est-ce que cela représente pour l'homme de détruire massivement une espèce qui vit dans une telle intimité avec lui depuis si longtemps, et comment va-t-on essayer de penser autrement ?

FM – On imagine la levée de boucliers si l'on avait dû faire disparaître des centaines de chevaux ou de chiens : là il y aurait eu du mouvement.

AF – Et plus encore, ce que vous appelez, Benoît Duteurtre, des animaux touristiques, comme l'éléphant ou le crocodile.

BD – Qui ont quand même Brigitte Bardot pour les défendre.

AF – Les éléphants ont eu Romain Gary aussi, dans *Les Racines du ciel*, et ils méritent d'être défendus. Mais il est vrai que j'ai moi-même été très surpris par l'indifférence absolue à la destruction des vaches. Vous dites, Benoît Duteurtre, dans votre livre : « Jamais on n'a autant massacré pour une erreur de gestion[1]. » Une erreur de gestion qui est très révélatrice de la folie humaine, puisqu'on a voulu rendre des herbivores carnivores. Si l'on n'avait pas donné de farines animales à manger aux vaches, rien ne serait arrivé. On a pu prendre cette décision précisément parce que la vache n'a plus aucun rapport avec la nature. La nature ne nous dicte rien, la vache n'est pas un animal naturel, on peut tout faire. Et tout d'un coup, on est punis, mais c'est la vache que nous châtions au lieu de nous interroger sur nous-mêmes. Héraclite disait : « Il faut éteindre la démesure plutôt qu'éteindre l'incendie. » Là on éteint l'incendie et non la démesure. Éteindre l'incendie, c'est massacrer des vaches. J'ai vu récemment à la télévision un reportage sur un paysan de la Confédération paysanne : une vache folle a été détectée dans son troupeau ; immédiatement on a exigé que toutes les vaches soient abattues, il était très affecté, et pas simplement pour son porte-monnaie ; il a répondu : « Ce n'est pas la vache qui est folle, c'est l'agriculture qui est folle. » Une agriculture ultraproductiviste. Ce discours-là est tombé dans le vide : il importait, avant tout, de protéger les hommes. Quant à vous, vous François Morel, comment avez-vous réagi devant cette pandémie ? Cela vous a-t-il donné envie d'écrire ? Vous a-t-elle conforté dans votre affection pour les vaches ?

FM – Je crois que le livre est paru avant cette histoire de la vache folle.

AF – Je sais.

FM – J'ai réagi comme un citoyen. Le mot est très utilisé. Il faut réhabiliter la vache citoyenne justement. Une intuition m'a intéressé dans le livre de Benoît Duteurtre, et je me suis demandé si c'était de l'imagination ou pas, c'est la fin, c'est-à-dire l'apparition d'une vache nouvelle. Je me suis dit : comme Michel Houellebecq parle d'un homme nouveau du fait de la génétique, etc., on a l'impression qu'à la fin de ce livre une vache nouvelle apparaît, à la fois plus dangereuse et plus sauvage.

1. Benoît Duteurtre, *op. cit.*

BD – Oui, même si ce livre comporte une part de fantaisie.

AF – C'est un roman encadré de deux essais.

BD – Je ne suis pas un vachologue, ni un agronome, mais j'essaie de réfléchir sur ces questions avec une part d'imagination. Je suis parti de ce constat : aujourd'hui, les accidents sont plus nombreux entre les hommes et les troupeaux. On voit se multiplier les cas d'agriculteurs renversés, voire blessés par des vaches. Ce phénomène a nettement augmenté d'après les statistiques au cours des dernières années On peut se demander pourquoi. Je crois que deux raisons se mêlent : d'abord l'agriculteur n'est plus un agriculteur mais un petit industriel qui gère ses troupeaux comme des statistiques et n'a plus ce contact avec les animaux qu'avait le fermier d'autrefois, même si les fermes n'étaient pas idéales. D'autre part, les troupeaux sont maintenant élevés à distance, ils sont envoyés dans des pâturages pour être engraissés rapidement, presque sans contact avec les humains. Donc non seulement la vache est devenue un rouage dans l'agriculture agroalimentaire, mais en plus c'est une matière que l'on gère de loin mais que l'on voit le moins possible, sauf au bord des routes. Cela entraîne des comportements paradoxalement plus sauvages, même si l'espèce est globalement asservie et transformée à volonté.

FM – « Vers 15 heures, samedi, un habitant de Danestal aperçut une forme humaine allongée dans un champ du chemin de Rennes, à Danestal près de Dozulé, Calvados. Le témoin s'est approché et a découvert un septuagénaire qui avait la cage thoracique enfoncée. Les pompiers de Dozulé et le SAMU sont intervenus. Mais Louis, soixante-quinze ans, habitant Danestal est décédé pendant son transfert à l'hôpital. Ce dernier avait, selon les premiers éléments de l'enquête, l'habitude de surveiller un troupeau de bovins appartenant à un agriculteur éloigné. Il est vraisemblable que le septuagénaire a, durant la matinée de samedi, été chargé puis encorné par une vache qui l'a ensuite piétiné. »

AF – Où avez-vous trouvé cela, François Morel ?

FM – Dans *Ouest-France*.

BD – C'est très intéressant parce que cela montre une société dans laquelle les différentes espèces, comme les différents groupes humains, ne se mélangent plus guère, mais vivent dans une proximité empreinte de distance totale.

AF – Votre livre se termine par un essai à la fois fantaisiste et terrifiant : à travers la question des vaches, vous analysez un changement de société et peut-être même une mutation anthropologique. Le monde n'est plus le même, et il se divise en tribus : « Il y a l'exploitant agricole, qui ne comprend rien d'autre que ses intérêts économiques ; l'écologiste, qui voudrait protéger les espèces en interdisant toute pénétration humaine à l'intérieur de zones-nature-protégées[1]. » Cet écologiste est aussi totalement silencieux sur le massacre des vaches.

FM – Pourquoi ?

AF – C'est la grande question. Que s'est-il passé avec les écologistes ? Les chasseurs doivent chasser entre tel et tel jour, se conformer aux normes européennes, c'est une bataille obsessionnelle, mais la situation faite aux vaches, ils s'en fichent royalement. On pensait les écologistes attachés non pas à la tradition mais à la terre, à une certaine réalité concrète dont la modernité nous a séparés, mais ils sont hypermodernes. Et puis il y a le chasseur, « qui s'accommode de la disparition des sentiers car les marcheurs dérangent son activité[2] ». Nouvelle tribu du chasseur, nouvelle tribu de l'écologiste. Ils s'engueulent mais ils appartiennent l'un et l'autre au monde d'après.

BD – Ces tribus sont en guerre.

1. Benoît Duteurtre, *op. cit.*
2. *Ibid.*

AF – « À quoi bon flâner d'ailleurs quand notre époque offre aux touristes tellement d'activités dans des zones réservées ? Excursion en voiture, vol en parapente, promenade en train touristique, descente de la montagne en bobsleigh, et pour les plus courageux, traversée de la vallée, suspendus à un câble géant[1] ? » Parce qu'en plus les touristes prennent des risques considérables, et peut-être inconsidérés. C'est une proposition que j'ai envie de suggérer en relisant cette énumération comique et terrifiante de Benoît Duteurtre : n'est-ce pas un sujet, pour le théâtre, pour le cinéma, pour la télévision ? Vous avez fait les Deschiens, les deux versions, une version tout à fait populaire et une version un peu plus petite-bourgeoise. Est-ce que l'on ne peut pas sortir de ces gens qui sont un peu les paumés de la modernité, et faire des Deschiens avec ces tribus ?

FM – Je pourrais, en effet, me laisser pousser la moustache et me prendre pour José Bové. Un Deschiens José Bové, ce ne serait pas mal.

AF – Oui, et un Deschiens touriste, un Deschiens qui fait du parapente, un Deschiens chasseur, un Deschiens écolo. Un Deschiens qui soit un Deschiens branché, puisque vous le faites pour la télé banchée.

FM – À mon avis le Deschiens est tous ces rôles. Il est assez abstrait pour pouvoir s'agiter dans tous les sens et épouser tous les maux de la société moderne.

BD – Il existe encore une figure, parmi ces types modernes, dont j'ai parlé un petit peu mais sur laquelle il y aurait beaucoup à dire, c'est le néopaysan : ce paysan acquis entièrement à la logique productiviste, industrielle et qui lui-même est en guerre contre l'écologiste. Tels sont en effet les paradoxes de l'époque. Ce néopaysan qui défend le droit à polluer la terre et à souiller les eaux, continue pourtant, dans l'imagerie vague de la presse et de la politique, à incarner l'homme de la terre. Mais en réalité, ce paysan-là est le liquidateur de tout ce qu'a été la paysannerie.

---

1. *Ibid.*

AF – Les néopaysans sont ultramodernes. C'est de la modernité qu'ils se réclament sans cesse, contre toute nostalgie archaïsante.

BD – Dans l'affaire de la vache folle, des hommes politiques responsables auraient donc commencé par remettre en question radicalement les méthodes de l'agriculture industrielle, dont la vache n'est que la partie la plus visible. Car voici un gros animal, qui vaut cher, et une affaire effrayante que cette invention de la vache carnivore. Pourtant, personne n'a remis en question, plus largement, la monstruosité des élevages de poulets ou de porcs dans le Morbihan, qui dépassent l'entendement, qui ne sont pas humainement supportables.

AF – On a analysé cette maladie comme un dysfonctionnement, sans voir qu'elle a été rendue possible par une vision exclusivement fonctionnelle du monde. Si la vache est un rouage, si, comme vous le dites, Benoît Duteurtre, elle n'existe que pour réaliser la transformation de l'herbe en lait, alors pourquoi respecter sa nature ?

BD – Tout cela vient de très loin, et cette même logique a permis à la société humaine de se développer, d'avoir plus de nourriture à sa disposition, de ne plus être en situation de famine, etc. Par ailleurs il est vrai que nous tous, autour de cette table, nous aimons certainement manger des entrecôtes. Tout cela est compliqué. La question est donc plutôt : où se situe la limite acceptable ? Cette logique de la domestication, je n'imagine pas que l'on puisse la remettre en cause. Mais il y a un moment où elle dérape et devient vraiment une folie, qui conduit à ce que l'on appelle la vache folle. Où est cette limite ?

AF – Les dernières statistiques nous disent que c'en est fini de l'exode rural, et que le mouvement commence à s'inverser : de nombreux villages se repeuplent, des citadins vont habiter en dehors des villes, tout en continuant à y travailler. Que faut-il en penser ?

FM – Ce n'est pas non plus une vraie campagne, c'est la campagne des gens qui ont un ordinateur et qui peuvent prendre régulièrement le TGV, qui peuvent habiter du côté de Nîmes ou de Montpellier, ce ne sont pas les gens qui habitent l'Orne, le Cantal ou le Morbihan.

BD – Ce n'est pas du tout le retour à la campagne, c'est la banlieuisation de la campagne. Autrement dit, la disparition d'un côté de la ville et de l'autre de la campagne, et l'extension générale de cette zone intermédiaire qui s'appelle la banlieue, avec ses zones juxtaposées : zone commerciale, zone de promenade, zone de tourisme...

FM – On arrive au projet d'Alphonse Allais : l'installation des villes à la campagne.

BD – Exactement. On y est réellement, là, je crois.

AF – C'est une utopie bien entendu, et quand les utopies se réalisent, on se rend compte qu'il aurait mieux valu qu'elles ne se réalisent pas.

BD – Dans mon petit village des Vosges, les gens des villes voisines viennent s'installer, et ce n'est pas mal. Cela permet au village de survivre, mais cela va de pair avec l'élargissement systématique des routes, l'implantation de parkings. Tout est soumis à ce nouvel impératif qu'est la circulation rapide d'un point à l'autre, des maisons aux centres commerciaux. Cette transformation de la campagne est une conséquence de l'extension de la circulation automobile.

AF – Ce village des Vosges, qui occupe une place centrale dans votre roman, Benoît Duteurtre, y retournez-vous, malgré cette transformation, et y éprouvez-vous encore un certain plaisir ?

BD – Oui, j'y retourne parce que le paysage demeure merveilleux. Mais, chaque année, quelque chose de nouveau m'attriste. Par exemple il n'y a plus de nuit dans ce village, la mairie a planté partout des lampadaires, tout est éclairé, l'église est éclairée... Mon plaisir avant c'était de m'asseoir devant la maison et de regarder l'ombre des montagnes dans la nuit, sous la lune: cela n'existe plus, c'est fini pour toujours, du moins pour un certain temps. Quant à la circulation, chaque petite route s'est transformée en une espèce d'autoroute. Avec l'abandon des petites lignes et du fret par la SNCF, les poids lourds circulent sans arrêt d'un point à un autre pour livrer leurs marchandises.

FM – Les vaches ne regardent pas passer les poids lourds.

AF – Et vous, François Morel, retournez-vous à la campagne ?

FM – Oui. Je vais en Normandie, mais j'ai retrouvé dans le livre de Benoît Duteurtre l'évolution de la campagne, qui devient de la zone pavillonnaire. Cela fait moins rêver.

AF – Les vaches y sont-elles encore présentes ?

FM – Il en reste un peu...

BD – Mais avec de petits numéros dans l'oreille.

AF – Toujours ?

BD – Toute vache française a un numéro dans l'oreille. Et toute vache européenne, je suppose. Mais on va dire que nous tenons des discours nostalgiques, mélancoliques...

AF – Oui, on le dira, car plus ça va mal, moins il est licite de soupirer que c'était mieux avant. Mais la nostalgie peut-elle avoir un effet politique ?

BD – Il me semble en tout cas nécessaire d'ouvrir les yeux, par-delà cette illusion politico-publicitaire qui consiste à désigner toujours la vache, la campagne, le paysan, la ville, etc., comme si rien n'avait changé. La réalité n'est plus la même. Ensuite, on peut réfléchir sur l'agriculture industrielle. D'ailleurs, il existe des mouvements de protestation à ce sujet, donc ce n'est pas de la mélancolie. Mais il faut surtout commencer à ouvrir les yeux, au lieu de se satisfaire d'une réalité fictive.

AF – On a besoin de livres pour ouvrir les yeux, les vôtres, et aussi les *Fables* de La Fontaine, comme « L'homme et la couleuvre[1] ». Un homme voit une couleuvre. Il veut « faire une œuvre agréable à tout l'univers », c'est-à-dire la mettre à mort, car elle est « le symbole des ingrats ». La couleuvre lui répond qu'il faut la condamner – « Mes jours sont entre tes mains » – mais que « le symbole des ingrats, ce n'est pas le serpent, c'est l'homme. » Une vache passe par là. Le cas lui est proposé.

« Fallait-il pour cela, dit-elle, m'appeler ?
La couleuvre a raison : pourquoi dissimuler ?
Je nourris celui-ci depuis de longues années,
Il n'a sans mes bienfaits, passé nulles journées ;
Tout n'est que pour lui seul ; mon lait et mes enfants
Le font à la maison revenir les mains pleines ;
Même j'ai rétabli sa santé, que les ans
Avaient altérée, et mes peines
Ont pour but son plaisir ainsi que son besoin.
Enfin me voilà vieille ; il me laisse en un coin
Sans herbe ; s'il voulait encore me laisser paître !
Mais je suis attachée ; et si j'eusse eu pour maître
Un serpent, eût-il su jamais pousser si loin
L'ingratitude ? Adieu, j'ai dit ce que je pense. »

Un bœuf, ensuite, témoigne dans le même sens. Cela ne sert à rien : l'homme tue la bête. Le fabuliste, contemporain de Descartes et de son dualisme radical, ne s'en laisse pas conter : il médite sur l'ingratitude humaine. À l'âge où les animaux sont vraiment devenus des machines et n'ont plus le temps de vieillir, vous prolongez et vous actualisez cette méditation : soyez-en remerciés.

---

1. Jean de La Fontaine, *Fables*, Livre X.

3

PETITS PAYSANS

Avec Hubert Charuel et Vincent Delargillière

AF – Fils et petit-fils d'éleveurs, diplômé de la Fémis, Hubert Charuel a réalisé *Petit Paysan*. C'est son premier long-métrage, et c'est un film absolument bouleversant. Interrogé dans le cadre d'un documentaire diffusé sur France 5, Vincent Delargillière, éleveur et producteur de lait, déclarait en substance que jamais l'objectif de rentabilité ne le ferait consentir à choisir la voie de l'élevage industriel, car lorsque, au printemps, il sort ses vaches, enfermées tout l'hiver, celles-ci, folles de joie, gambadent comme des petites filles dans le pré. Ce spectacle de la danse des vaches, disait Vincent Delargillière, n'a pas de prix. Par l'entremise d'Anne Rosencher, alors journaliste à *Marianne*, je suis allé au jour J dans la ferme de Vincent Delargillière. Et cette danse des vaches, je l'ai vue, de mes yeux vue. D'ordinaire je remercie mes hôtes une fois la conversation terminée, aujourd'hui, je voudrais d'entrée de jeu dire à Vincent Delargillière et à Hubert Charuel combien je leur suis reconnaissant d'avoir surmonté leurs réticences ou leurs craintes, et d'avoir accepté mon invitation, alors qu'ils ne sont pas du sérail, qu'ils n'appartiennent pas au milieu intellectuel, et qu'ils n'ont pas plus l'un que l'autre l'habitude des débats radiophoniques. Et que les choses soient claires: vous ayant choisis, messieurs, en tant qu'individus et non en tant que militants ou porte-parole, je ne chercherai pas avec vous à défendre une cause, mais à explorer un monde. Et aussi à parler d'art et de beauté. Car je voudrais commencer par votre film, Hubert Charuel. Pouvez-vous, s'il vous plaît, nous décrire la première scène ?

HC – Dans la première scène, l'écran est noir et on entend des bruits de respiration humaine. Après, il y a une respiration plus grave et plus grasse, mais on ne sait pas ce que c'est. Il y a alors un plan de quelqu'un qui se réveille. La pièce est assez obscure. Il se lève. Et on découvre qu'à côté de son lit il y a une vache. Il met ses bottes et on constate qu'il y a une deuxième vache dans la chambre. Il sort de la pièce, il traverse son salon, et sa maison est complètement remplie de vaches. Il y en a partout, il est obligé de les pousser, de passer entre elles, c'est assez compliqué, comme s'il remontait une marée d'animaux. Et puis il arrive dans la cuisine, où il se fait un café, et là il y a une grosse tête de vache juste à côté de lui. Alors on entend une sonnerie, et le personnage se réveille. Cette première séquence était un rêve.

AF – Mais à un moment donné on le voit avec des vaches dans sa maison.

HC – Oui, oui, il y a des vaches partout dans la maison.

AF – Alors pourquoi ce rêve ? Pourquoi avoir choisi cette première scène extrêmement frappante, saisissante ?

HC – Cette séquence était très importante pour moi parce qu'elle permet de présenter le personnage tout de suite. On rentrait immédiatement dans la problématique, c'est-à-dire que les vaches sont partout dans sa vie, y compris dans sa tête, dans sa maison et dans ses rêves. Quand vous êtes éleveur, les animaux prennent toute la place dans votre vie.

AF – *Domestique* vient de *domus*, et *domus*, c'est la maison. L'animal domestique est donc, à l'origine, celui qui vit avec l'homme, dans sa maison. Le rêve du petit paysan renoue avec l'origine et il souligne, d'entrée de jeu, la familiarité qu'il a avec ses bêtes.

HC – Oui. Moi, cela m'évoque non pas véritablement des souvenirs mais des choses que me racontaient mes grands-parents. Il y avait la grange juste à côté de leur maison, et c'était la présence des animaux qui permettait de réchauffer toute la maison.

AF – Il y avait donc déjà cette familiarité et cette intimité. Monsieur Delargillière, vous avez une ferme dans l'Oise, que j'ai visitée, nous y reviendrons, et quand je vous ai invité, vous n'aviez pas vu le film mais vous vous apprêtiez à aller le voir. C'est fait. Comment avez-vous réagi à cette scène et au film dans son ensemble ?

VD – Effectivement, j'avais prévu d'aller voir le film le lendemain de votre appel. C'est un film qui a fait beaucoup parler de lui dans le milieu agricole, dans le milieu de l'élevage, tous mes voisins éleveurs en ont entendu parler, il en a même été question dans la presse agricole spécialisée. C'était très populaire. En ce qui me concerne, je l'ai regardé avec attention, et je m'y suis souvent retrouvé. Pour beaucoup des thèmes qui sont abordés dans le film, j'ai eu l'impression d'avoir affaire à la réalité de ce que je vis quotidiennement dans ma ferme.

AF – Justement. Allons au-delà du rêve. Ce film raconte une histoire inspirée de l'épidémie de la vache folle, même s'il s'agit, en l'occurrence, d'un autre type de contagion. La maladie à laquelle le petit paysan est confronté se signale par des saignements, et non par des tremblements comme dans le cas de l'encéphalopathie spongiforme bovine. Mais le principe de précaution s'applique ou, plus exactement, s'abat avec la même rigueur. Si une vache est atteinte, le troupeau entier doit être mis à mort. Tout au long du film, le héros essaie de sauver son troupeau en dissimulant la mort des vaches infectées. C'est bien cela ?

HC – Oui, exactement.

AF – Qu'est-ce qui vous a fait choisir ce thème ?

HC – En effet, je me suis inspiré de la vache folle – ou plutôt de l'ESB, parce qu'une fois je me suis fait reprendre par un vétérinaire qui m'a dit : « Il ne faut pas dire la vache folle, c'est mal vu ; le vrai terme c'est l'ESB. »

AF – Encéphalopathie spongiforme bovine.

HC – Exactement. En tout cas c'était cela qui m'intéressait. Moi j'avais une dizaine d'années à l'époque de l'ESB et je me souviens de ce climat anxiogène : c'était une maladie que l'on ne comprenait pas. On savait ce que c'était que la brucellose, la tuberculose, les maladies très identifiées, mais l'ESB c'était tout nouveau. Avec ma coscénariste, on a beaucoup parlé avec des vétérinaires qui nous ont expliqué que c'était cette nouveauté qui avait engendré ce climat de paranoïa. Personne ne savait ce qu'était cette maladie. Les paysans d'habitude appellent les vétérinaires pour être rassurés, mais cette fois-ci les vétérinaires en étaient incapables. Je me souviens très bien de ce climat de paranoïa. Le premier cas d'ESB était à trente kilomètres de chez mes parents, on en parlait aux informations, ma mère m'a expliqué ce qu'était le principe de précaution, tout en me disant : « Si cela arrive chez nous, je me suicide. » Le vrai point de départ du film, ce qui a donné naissance à la fiction, c'est ce traumatisme.

AF – D'ailleurs, le personnage est constamment stressé, et il y a un moment d'ambiguïté que vous levez dans une interview : le petit paysan, merveilleusement joué par Swann Arlaud, a des boutons dans le dos, il se gratte sans cesse, et l'on se demande s'il n'est pas gagné lui-même par l'épidémie, mais en fait, vous le dites, c'est lié au stress épouvantable qui est le sien devant la perspective d'avouer ce qui se passe et de voir son troupeau totalement exterminé.

HC – Il y avait évidemment aussi la symbolique de la contamination du personnage par la maladie de ses vaches. Mais c'est avant tout lié au stress, en effet, et je dis souvent que le stress a gagné les petites vallées... Certains amis de mes parents prennent des antidépresseurs depuis vingt-cinq ans, ils ont du psoriasis, ils sont stressés par le rythme qu'ils s'imposent et que l'on leur impose. Cela me permettait d'aborder aussi ce problème.

AF – Avez-vous reconnu votre propre angoisse dans ce film, Vincent Delargillière ?

VD – Sur certains aspects, oui. Je rejoins les propos de M. Charuel en ce qui concerne le moment de l'ESB. À l'époque j'avais une vingtaine d'années, je n'étais pas encore installé en tant qu'éleveur, mais je me souviens très bien que c'était un peu la maladie de la honte. On n'en parlait pas. Entre éleveurs on se disait : « Celui ci, il a peut-être mal nourri ses animaux. Pourquoi ? » Il y avait un climat de méfiance et un sentiment de honte.

AF – Cette maladie venait du fait que l'on avait rendu, au nom d'un principe de calcul, les vaches quasiment carnivores. On leur donnait de la nourriture à base de viande.

VD – De la farine de viande, dont la température à la fabrication n'était pas assez élevée pour tuer les prions qui étaient responsables de la maladie. Maintenant la farine de viande est interdite.

AF – Que pensez-vous rétrospectivement l'un et l'autre de l'application si cruelle du principe de précaution ? Est-ce qu'il se justifiait ? N'est-on pas tombé dans une forme de fanatisme de la prudence ?

VD – Peut-être, en effet, que cela allait trop loin, dans la mesure où on abattait même des vaches déclarées saines, mais le souci c'est qu'il fallait à l'époque rassurer le consommateur, et pour cela il ne faut pas faire de sentiment malheureusement, il faut abattre tout le troupeau.

AF – Je vous pose la même question, Hubert Charuel, parce que, dans votre film, le héros a une sœur, merveilleusement jouée par Sara Giraudeau, qui est vétérinaire. Vous, vous êtes fils unique, mais lui, il a une sœur, et il y a une très belle complicité, un peu abrupte, entre les deux personnages. Celle-ci finalement l'aide quand elle voit à quels stratagèmes il est réduit, tandis que d'autres personnages défendent le principe de précaution avec une arrogance et une brutalité extrêmes. N'est-ce pas une manière de dire qu'il y a quelque chose de démesuré dans l'application de ce principe ?

HC – Oui, il y a quelque chose de démesuré. En ce qui concerne ces personnages, je me suis toujours demandé si l'on ne les représentait pas de manière un peu trop froide ou rigide. J'ai fait beaucoup de débats avec des éleveurs et des vétérinaires à travers la France, et eux me disent souvent que je suis en dessous de la vérité, que ces gens sont encore plus durs. En tout cas, il y a évidemment une forme de dénonciation dans mon film. Car, je le répète, à dix ans, j'ai été traumatisé par cette histoire. Il reste donc des traces de ce regard d'enfant qui se dit : « Ce n'est pas juste. » Il y a eu beaucoup d'abattages de troupeaux entiers parce qu'il fallait éradiquer le problème avant que cela puisse atteindre le consommateur, car quand celui-ci a peur, il n'achète plus. Des choix ont été bien plus inspirés par des critères économiques que par des critères de santé publique.

AF – C'est cela. On anticipait la réaction du consommateur, on ne voulait pas le paniquer, on lui sacrifiait donc les bêtes, alors même que l'on aurait pu faire un tri un peu plus humain.

HC – Bien sûr. J'ai même rencontré des éleveurs qui me parlaient d'un autre type de maladie, je ne sais plus si c'était la tuberculose ou la brucellose. Ils m'expliquaient que, dans un département, on pratiquait l'abattage total, et que dans le département frontalier on n'abattait que le bovin malade. Ils me disaient : imaginez la souffrance de la personne qui voit disparaître son troupeau, quand son voisin n'a qu'une bête qui est abattue...

AF – Le film se termine tragiquement, puisque le personnage ne peut plus ruser, il a dissimulé deux cas de maladie mortelle, il doit à présent consentir à voir son troupeau exterminé. Il avait choisi de prendre chez lui (et ce n'était plus un rêve), dans la *domus*, dans la maison, un petit veau, mais il est obligé d'abandonner ce veau. Au lieu de le laisser tuer par les autres, il choisit de lui infliger la piqûre mortelle, et il se retrouve sans rien, à la fin du film, au point même que l'on se demande s'il va survivre à cette catastrophe. Dans la dernière image, on le voit regarder une vache et c'est tout ce que l'on sait de lui. On peut donc penser qu'il ne choisit pas la voie du suicide, alors qu'il est complètement dévasté. C'est bien cela ?

HC – Oui, exactement. Pour moi, c'était le plus important. Je me disais : j'ai montré quelqu'un qui souffre, je ne veux pas, même vis-à-vis du milieu dont je suis issu, terminer sur une note aussi sombre. Je n'ai pas fait un film à message, mais je ne voulais pas finir avec quelqu'un au bout d'une corde.

AF – Vincent Delargillière, comment avez-vous réagi à cette fin ?

VD – Je reconnais que la fin m'a le plus interloqué. Dans la scène où la sœur donne au personnage une seringue pour euthanasier le veau, j'ai eu l'impression que l'éleveur pouvait choisir d'en finir avec la vie, mais finalement il euthanasie le veau, ce qui veut dire qu'il choisit de vivre.

HC – Cette séquence, on ne l'avait pas écrite de cette manière. On n'avait pas écrit cela afin que le spectateur se demande si le personnage allait se faire l'injection à lui-même au lieu de la faire au veau. Mais aujourd'hui, quand je vois le montage du film, cela me paraît évident. Et vous n'êtes pas la seule personne à m'en parler. Et à mon avis, on y pense parce que le suicide dans le monde agricole aujourd'hui est une réalité toujours plus inquiétante. On en a souvent entendu parler. Cela a marqué la conscience des gens, et on ne peut pas s'imaginer autre chose que : « À quel moment va-t-il se suicider ? » Mais pour moi le suicide dans le monde rural est un sujet en soi.

AF – Vous ne vouliez pas ajouter le suicide à la catastrophe que vous montriez, c'était trop.

HC – Exactement. J'ai parlé avec des éleveurs qui m'ont fait remarquer certains amalgames. Ils m'ont dit : « Ce ne sont pas les maladies qui poussent les agriculteurs au suicide. » Je suis tout à fait d'accord avec eux. Et c'est la raison pour laquelle mon personnage ne se suicide pas.

AF – Venons-en à vous et à votre exploitation, Vincent Delargillière. Dans le documentaire de France 5 dont j'ai parlé en commençant, vous préconisez et vous incarnez une alternative à l'enfermement des vaches par l'élevage industriel. Que signifie ce choix ?

VD – Je suis installé dans le pays de Bray, dans une région herbagère, bocagère, qui a vocation à faire de l'élevage. J'ai toujours vu mes grands-parents, mes parents avec leurs animaux qui allaient au pré, c'est-à-dire dehors. Et je n'ai jamais pu concevoir qu'une vache reste en bâtiment toute l'année. J'ai donc toujours fait le choix de mettre mes vaches au pâturage.

AF – Ce choix, vous l'assumez, et même si un autre type d'élevage se révélait plus rentable financièrement, vous n'y auriez pas recours. Pourquoi ?

VD – Encore une fois : je ne peux pas concevoir qu'une vache reste dans un bâtiment toute l'année. J'aime mes animaux, j'aime mes vaches, je suis attentif à leur bien-être, c'est un plaisir pour moi de les voir à la mise à l'herbe (ce à quoi vous avez assisté quand vous êtes venu), c'est un plaisir de les entendre brouter, j'ai vraiment beaucoup de plaisir à les voir dans les prés, et je ne pourrais pas les voir se nourrir avec l'alimentation de l'ensilage toute l'année, avec des compléments qui viennent de très loin, comme le soja ou ce genre d'aliments. Mes vaches donnent très peu de lait par rapport à un système intensif mais, malgré tout, je m'en sors financièrement.

AF – C'est le cas aussi pour votre « petit paysan », me semble-t-il, Hubert Charuel. Mais cet homme a lui-même des parents, il est fils de paysans, et ce qui est très beau dans votre film, c'est que vous faites jouer vos parents. Votre père interprète le père du personnage. Votre mère joue un autre rôle que le sien mais elle est présente aussi. Il y a donc quelque chose comme une forme de piété… D'ailleurs vous avez dit que ce film est vu à travers le regard d'un enfant. Vous avez été très marqué par cette déclaration de votre mère, « si ça nous arrive je me suicide », vos parents et vos personnages s'inscrivent dans cette tradition, et c'est cette forme d'élevage aussi que vous filmez, à l'encontre de l'élevage industriel.

HC – Oui bien sûr, et d'ailleurs c'est présent dans le titre : « Petit Paysan » – il s'agit d'une petite exploitation. Cela étant, dans notre cas c'est légèrement différent de ce que décrit monsieur : nous avions des vaches qui se nourrissaient aussi d'ensilage. C'était un petit troupeau, mais constitué de vaches à « haut potentiel ».

AF – Est-ce que ces vaches sortaient ?

HC – Bien sûr.

AF – Elles n'étaient pas enfermées toute l'année ?

HC – Non. Elles passaient un certain temps dehors, aussi.

AF – Ce qui est aussi saisissant dans votre film, c'est que le petit paysan continue à donner des noms à ses vaches. Elles ont des numéros à l'oreille, puisque c'est maintenant obligatoire, mais il s'obstine. Un lien existe entre lui et ses vaches, il les traite les unes et les autres comme des individus. Était-ce vrai aussi dans la ferme de vos parents ?

HC – Oui. Lorsque mon père est parti à la retraite, ma mère a décidé de s'associer avec d'autres personnes, elle est partie dans un plus gros troupeau, et elle s'est battue pour continuer à donner des noms aux animaux, alors que ses associés disaient: « C'est de l'histoire ancienne, on passe à autre chose. »

AF – Et vous, monsieur Delargillière, vous en avez quatre-vingt-dix, je crois ? C'est peut-être trop pour leur donner des noms ?

VD – Oui, j'ai quatre-vingt-dix vaches. Pour des raisons pratiques, et conformément à la loi, elles ont des numéros, mais la réglementation nous laisse la possibilité d'ajouter un nom aux vaches. Cette année, en 2017, c'est l'année des « N », donc toutes mes vaches ont un nom qui commence par N. Évidemment, il y a certaines vaches dont on est plus proches, et dont on utilise plus le prénom, mais chez moi toutes les vaches ont un nom. Il y a Chouchoute, Farine, etc.

AF – Que répondez-vous, monsieur Delargillière, à ces vétérinaires, à ces scientifiques, qui vous disent que dans la Ferme des mille vaches, ou dans des fermes plus petites où les vaches sont enfermées, leur bien-être est assuré, puisqu'il y a des instruments de mesure qui l'attestent ? Vous êtes très soucieux du bien-être de ces bêtes, c'est pour cela que vous aimez les voir sortir, et on vous répond qu'il n'y a pas de véritable problème de cet ordre dans ces fermes de l'élevage industriel.

VF – Je suis allé, à titre personnel, visiter la Ferme des mille vaches. J'ai vu que les vaches avaient beaucoup d'espace, qu'elles avaient à manger une ration équilibrée, que toutes les normes européennes et françaises étaient appliquées, et même à la lettre. Mais ces vaches-là n'ont pas d'accès à l'extérieur et ne vont jamais au pâturage.

AF – C'est quand même une différence essentielle. Donc, pour vous, ces instruments de mesure ne suffisent pas à définir un véritable bien-être animal.

VD – Non, en effet. En revanche, je pense que cela évolue beaucoup. Je vends mon lait à une grosse entreprise, Lactalis, dont le siège est à Laval. C'est le géant de l'industrie laitière.

Il y a trois semaines, j'ai eu une conversation avec des dirigeants de l'entreprise qui sont de plus en plus conscients de ces questions de bien-être animal, de l'importance du pâturage. Il est fort probable que, dans les prochains mois, une charte va être édictée. L'entreprise va proposer un partenariat avec les éleveurs et communiquer sur le fait que les vaches puissent aller au pâturage.

AF – Vous pensez que cela pourra mettre un coup d'arrêt au développement de cet élevage industriel ?

VD – Ce sera un moyen pour ces industriels-là de se donner une bonne image de marque. Ils sont très à l'écoute des consommateurs.

AF – Et les consommateurs ont maintenant cette exigence ?

VD – Oui, de plus en plus. Je m'en rends compte à titre personnel sur mon exploitation : j'ai remis en prairies des parcelles qui étaient cultivées en blés, et dans mon village, plusieurs voisins sont venus me voir pour me dire : « C'est bien, quand on rentre du travail, on voit tes vaches dans les prés. » Alors qu'il y a de plus en plus de gros bâtiments dont les vaches ne sortent plus. Mes voisins sont contents, quand ils rentrent du travail à la belle saison, de voir mes vaches dehors. Cela leur fait plaisir. Et ça, c'est une grande satisfaction pour moi. Et je pense que les consommateurs sont de plus en plus soucieux de cela.

AF – Dans votre film, Hubert Charuel, il y a une alternative au type d'élevage que pratique le petit paysan, puisqu'un de ses amis a une ferme totalement robotisée. Décrivez-nous cette ferme, et dites-nous pourquoi elle est présente dans le film.

HC – Je voulais évidemment présenter différents types d'agriculture. La ferme de Pierre représente un élevage caractérisé par une espèce de frein, d'impossibilité d'évolution. Le personnage de Fabrice, l'ami qui a une ferme beaucoup plus grosse et plus industrialisée, c'était un moyen de montrer ce que l'on propose souvent aux éleveurs pour évoluer. Quand les jeunes éleveurs reprennent la ferme de leurs parents, on leur explique que c'est de plus en plus compliqué, mais que ce qu'il y a de mieux à faire, c'est s'agrandir. Alors qu'en fait, il y a d'autres choses à faire. M. Delargillière en est la preuve. Mais souvent les jeunes éleveurs écoutent ce que l'on leur conseille. Ce qui était très important pour moi, c'était que mon film ne soit pas manichéen. Cela ne m'intéresse pas de dire « les petits paysans, c'est bien ; les gros, ce n'est pas bien ». C'est plus complexe et la responsabilité est collective. On parlait des consommateurs tout à l'heure ; ce sont eux, en effet, qui font évoluer les choses.

AF – Dans un entretien que vous avez donné à propos de ce film, vous dites que dans la ferme avec robots tout est automatisé et vous nous révélez ceci : « Je connais une exploitation comme cela, où on leur met la radio avec RTL2 vingt-quatre heures sur vingt-quatre parce que le bruit attire les bêtes. La radio est près du robot qui leur donne à manger et qui les trait. » Vous semblez quand même assez pessimiste puisque vous dites un peu plus loin : « Bientôt les exploitations à taille humaine comme celle de mes parents vont disparaître. » Cela fait peur, parce que nous, les êtres humains, nous sommes envahis par le bruit ; le silence disparaît, la musique d'ambiance est omniprésente aujourd'hui. Dans les cafés, on est obligé de supplier pour que l'on diminue le niveau sonore, et l'on se fait parfois virer pour avoir osé émettre ce souhait. Et voici que les pauvres vaches elles-mêmes sont obligées de se taper RTL2 vingt-quatre heures sur vingt-quatre, l'horrible musique d'ambiance étend son règne partout, c'est un cauchemar !

HC – En effet, quand on visite une exploitation de ce genre, c'est surréaliste. Comme il est dit dans le film, c'est vraiment vingt-quatre heures sur vingt-quatre. Donc quand on arrive pour visiter la ferme à 23 h 30, il fait nuit, il y a du silence absolument partout dans la campagne, et tout d'un coup il y a cette espèce de haut-parleur qui diffuse RTL2, il y a cette musique qui sort de nulle part, avec des néons tungstène très orangés partout, on débarque dans un autre univers. Mais la musique est là parce qu'elle suscite la curiosité des animaux.

VD – Moi, sur mon exploitation, les vaches sont privées de radio. Elles se contentent du chant des oiseaux.

AF – Privées de radio, elles ne semblent pas s'en porter mal.

VD – Elles ne montrent pas de signes extérieurs de mécontentement en tout cas. La radio, c'est un choix d'éleveur. Beaucoup disent que le bruit continu évite que les vaches ne soient apeurées. Et peut-être que l'éleveur aime entendre de la musique en travaillant.

HC – Mais ils la laissent la nuit aussi, quand ils ne sont plus là.

AF – Ils la laissent la nuit ?

HC – Je crois, oui.

VD – Normalement la nuit les vaches dorment... Moi j'aurais du mal à laisser la lumière et la radio toute la nuit.

AF – Je voudrais vous poser maintenant une autre question. La cause animale est très présente dans notre société. Elle est défendue par des associations comme L214 qui diffuse des images insoutenables de maltraitance dans les abattoirs, ou 269 Life, qui monte des opérations « coup de poing » pour sauver des animaux promis à la mort. Ces activistes militent pour une conversion radicale des consommateurs. Nous devons cesser d'être carnivores, disent-ils. Et le végétarisme leur paraît même insuffisant. Ils prônent le véganisme. Car on ne peut pas, selon eux, distinguer l'industrie laitière de celle de la viande. Pour avoir du lait, une vache doit d'abord donner naissance à un veau. Il faut ensuite les séparer rapidement l'un de l'autre, afin de récupérer le lait de la mère. Une partie des veaux femelles deviennent des génisses. Les autres, ainsi que l'immense majorité des jeunes mâles, sont envoyés à l'abattoir au bout de quelques mois.

Ne pas les tuer entraînerait en effet des dépenses colossales et mobiliserait des surfaces agricoles gigantesques pour le pâturage ou le fourrage, car vaches et taureaux peuvent vivre jusqu'à vingt-cinq ou trente ans. Quelle est votre réponse à cette critique, et quelle est votre pratique ?

VD – Dans mon entourage, j'ai des amis végétariens. Je respecte leur choix d'alimentation. Je pense que les associations dont vous parlez vont très loin. J'ai moi-même été choqué par certaines vidéos dans des abattoirs. Mais je ne sais pas si ces vidéos ont toutes été tournées en France. Certaines ont sans doute été prises à l'étranger, où sont en vigueur des pratiques inacceptables.

AF – Vous êtes producteur de lait. Est-il vrai que pour produire du lait on est obligé de séparer le veau de sa mère, et que si l'on garde une partie des génisses, on fait abattre tous les jeunes mâles ?

VD – Oui. C'est ce qui se passe. Les veaux, moi je les laisse entre vingt-quatre et quarante-huit heures avec leur mère, pour que les veaux boivent de lait de leur mère, mais il faut savoir qu'il y a parfois des mères qui ne s'occupent pas de leurs petits. Ce qui signifie que si l'homme, l'éleveur, n'était pas là pour s'occuper des veaux, une partie d'entre eux mourraient. On est aussi là pour s'en occuper, pour les nourrir. Ensuite, effectivement, on vend le lait pour l'industrie laitière.

AF – Donc vous ne pouvez pas garder les veaux ?

VD – On en garde une partie. Chez moi, environ 30 % des animaux sont réformés, et une partie est élevée pour remplacer ces animaux-là. Le fait de les séparer permet qu'il y ait un meilleur contact entre les animaux et moi, et cela les rend aussi beaucoup plus dociles.

AF – Vous avez connu cela aussi dans votre enfance, Hubert Charuel : les veaux, on ne les gardait pas.

HC – On ne garde pas les veaux mâles en effet.

AF – On est obligés de s'en défaire.

HC – Oui. Mais il y a peut-être, sur ce point, quelque chose qui est en train de changer vraiment. C'est une des raisons pour lesquelles je n'aurais pas pu faire ce métier : devoir faire des vaches de réforme, se séparer des veaux, envoyer des vaches à l'abattoir. Ma mère avait de plus en plus de mal à le faire à la fin, et je crois que là-dessus quelque chose est en train de changer.

AF – Vous voulez dire que c'est de plus en plus difficile ?

HC – Oui, et on consomme de moins en moins de viande – je parle de mes parents, de moi, alors même que j'ai grandi là-dedans. Quelque chose se joue autour de la conscience animale, du spécisme, qui prend de la place et qui nous touche. J'ai grandi dans ce milieu de l'élevage mais aujourd'hui cela me pose problème de savoir que l'on envoie ces veaux à l'abattoir.

AF – D'un autre côté, il n'y aurait aucun moyen de garder ces veaux. Cela coûterait trop cher, cela prendrait trop de surface, ce serait impossible.

VD – Pas forcément. Sur mon exploitation, je garde une partie des veaux mâles, ils deviennent des bœufs et me servent en pâturage. Ils sont dans des prairies humides, vallonnées, non mécanisables, où je ne pourrais pas faire de céréales, et ces animaux-là me permettent de valoriser ces espaces-là aussi.

AF – Vous en gardez donc une partie, mais les autres, il n'y a pas moyen de les garder.

VD – Non, les autres partent parfois à l'export aux Pays-Bas – cela dépend des débouchés qu'il y a – pour faire des veaux de boucherie, qui sont valorisés en tant que viande. Ils ne sont pas abattus immédiatement, ils sont engraissés et abattus à trois ou quatre mois, en fonction des débouchés.

AF – Je voudrais élargir la question, parce que je vois un paradoxe chez les défenseurs de la libération animale, et je voudrais avoir votre avis à l'un et à l'autre. D'abord, ils ne s'opposent pas simplement à l'élevage industriel mais à toute forme d'appropriation, parce que la domestication pour eux relève de l'exploitation. Ils pensent dans les termes d'une sorte d'antiracisme élargi : il faut libérer les animaux, comme les Noirs se sont émancipés, comme les femmes se sont émancipées. Cette analogie est problématique, notamment en ceci que quand les Noirs se libèrent, ils obtiennent des droits. Mais si l'on libère les animaux de toute domestication, ils perdront le droit de vivre. Les animaux de rente sont des animaux qui servent les hommes. Et s'ils ne servent plus les hommes, je ne vois pas comment ils pourraient exister. En outre, ces animaux-là ne sont pas forcément faits pour la liberté, ce ne sont pas des prédateurs mais des proies, les hommes les protègent ; c'est grâce à la présence des hommes qu'ils ne sont pas constamment aux aguets – et quand on lâche les loups, les bergers ne sont pas contents, parce que tout d'un coup leur devoir de protection est mis en cause par l'Union européenne ou par les normes qu'elle impose. Voilà le grand paradoxe de la libération animale : si l'on va jusqu'au bout du refus de la cruauté dont vous parlez, Hubert Charuel, alors il n'y aura plus d'animaux. Ils seront tellement libres qu'ils auront cessé d'exister. Comment faire pour trouver une véritable solution ?

HC – Le problème, c'est l'industrialisation, et la quantité énorme d'animaux abattus. Je prends un exemple : pendant longtemps, dans l'exploitation de mes parents, on tuait une vache pour la manger. On était une famille de trois personnes, et avec une vache, on avait de la viande pour un an. Aujourd'hui, le ratio n'est plus le même... Je pense aux générations futures, c'est peut-être elles qui vont faire bouger les choses. Peut-être que je vais tellement éduquer mes enfants dans le respect de l'animal que cela leur paraîtra impossible de devoir tuer un animal pour le consommer. Je peux comprendre ceux qui sont contre l'abattage des animaux et leur exploitation ; en ce qui me concerne, si ce n'est pas de manière démesurée, j'accepte la mort d'un animal. Ce que je n'accepte pas, c'est que des millions de bêtes soient abattues. Même d'un point de vue écologique, l'élevage industriel de bovins est une calamité. Cela consomme beaucoup trop de ressources, notamment d'eau. Je me pose des questions sur l'avenir. Et je me préoccupe autant du sort des animaux que de ce que nous faisons à notre planète.

VD – Je parlais tout à l'heure des bovins qui valorisent les prairies, l'herbe... Ce sont de toute manière des surfaces qu'il ne serait pas possible de valoriser pour faire des céréales. Les bovins qui y paissent ne consomment pas d'eau, ils consomment beaucoup moins d'engrais, etc. L'élevage traditionnel à base d'herbe comme on pouvait le faire il y a plusieurs années a un grand avenir selon moi. Les prairies, c'est aussi un moyen de stocker du carbone, de limiter le réchauffement climatique. Tout n'est pas forcément négatif dans l'élevage.

AF – Non. Mais ce qui me frappe dans ces mouvements de libération animale, c'est qu'ils sont animés par de jeunes urbains, qui n'ont pas vécu avec les bêtes, et dont on a l'impression qu'ils peuvent se passer des bêtes. Une fois que l'humanité aura cessé d'être carnivore et de se nourrir de produits laitiers, peu leur importe que ce soit au prix de l'existence même des animaux. Ils se mobilisent pour faire cesser le crime, ils ne veulent plus qu'il y ait des animaux domestiques, car la domestication, c'est l'exploitation. Mais, à la différence de tous les autres mouvements de libération, celui-ci ne peut que déboucher sur la disparition de ses bénéficiaires. Notre monde n'a pas de place, sinon dans un ou deux parcs à thèmes, pour les vaches inutiles. Si je vous ai invités aujourd'hui, c'est que vous avez un lien avec les bêtes, et que, dans ce grand moment d'introspection collective sur la condition animale, votre voix doit absolument se faire entendre.

VD – Je pense à un monde où il n'y aurait pas d'élevage... Est-ce que l'on peut imaginer les régions montagneuses sans bovins ? Ce sont des zones où l'on va faire du ski ; il y a un équilibre qui se crée entre l'homme, les activités humaines et l'entretien de ces espaces naturels-là. Peut-on imaginer que ces espaces-là ne soient pas valorisés ?

AF – Je voudrais vous poser une autre question, Vincent Delargillière : peut-on imaginer ces animaux libres ? Est-ce que leur vie aurait un sens hors du rapport avec les hommes ? Quand j'étais venu voir votre ferme, vous m'aviez dit que les vaches dormaient en cercle, suivant une sorte d'atavisme, pour se protéger du prédateur éventuel.

VD – Tout à fait. Même si l'on a domestiqué les vaches, elles ont conservé un comportement un peu sauvage comme vous le dites : elles se couchent toujours en rond pour se protéger les unes les autres. Quand je leur laisse leurs veaux à la naissance, si l'on s'approche, le veau se lève et se met à meugler, et tout de suite le troupeau réagit, se met autour du veau pour le protéger. Donc il y a toujours chez ces vaches domestiquées un comportement proche de la nature.

AF – Ce qui veut dire que l'homme a un rôle à jouer pour ces bêtes-là.

VD – Oui, nous sommes là pour maintenir un équilibre entre nos animaux et nos activités.

AF – Hubert Charuel, comment vos parents ont-ils réagi quand ils ont participé à votre film et quand, ensuite, ils l'ont vu ? Ont-ils été honorés, contents ? Se sont-ils dit que c'était votre manière à vous de poursuivre dans cette voie, alors même que vous aviez renoncé à être un paysan, et que vous êtes même, je crois, le premier fils de paysans diplômé de la Fémis ?

HC – C'est vous qui me l'apprenez, je n'en sais rien du tout... En tout cas, mes parents ont tellement fait partie de l'aventure, en jouant dans le film (ils avaient déjà joué dans mes courts-métrages donc ils avaient été un petit peu entraînés), qu'au début ils n'étaient pas objectifs sur le film. C'était très difficile pour eux de le juger. Ils ont découvert le film au Festival de Cannes, ma mère a pleuré, je lui ai dit :

« Tu es émue ? », elle m'a répondu : « Non, c'est parce que j'ai compris que la ferme, c'était terminé », car elle voyait cela en images. Mon père m'a dit : « Je te fais la bise, mon fils », ce qui équivaut au maximum de son émotivité.

AF – Et votre grand-père est présent dans le film aussi.

HC – Oui. Ainsi que mon cousin. Mon grand-père a un rôle assez important dans le film. Une nouvelle carrière s'ouvre à lui, à quatre-vingt-dix ans…

AF – Pour vous, Vincent Delargillière, les choses ne sont pas terminées. Vous allez passer d'ici quelque temps au bio. Quels changements cela va-t-il introduire dans votre exploitation ?

VD – C'est un projet à moyen terme. Passer au bio, cela ne se fait pas en claquant des doigts. Il faut adopter une tout autre façon de gérer son exploitation, de gérer la ferme, il faut produire les fourrages différemment… Je suis déjà très proche du cahier des charges bio – par exemple en antibiotiques, en traitements pour les vaches, je respecte actuellement le cahier des charges sans être en filière biologique. Sur ma laiterie, il y a une demande des consommateurs pour les produits biologiques, qui va sans doute conduire à importer du lait de l'étranger, d'autres pays européens… Je me dis que j'ai une usine à ma porte, et qu'il y a peut-être une opportunité pour que je fasse de la laiterie bio, vu les caractéristiques de mon exploitation, qui comporte beaucoup de prairies. Le pas à franchir pour aller vers le bio serait très petit.

AF – Qu'est-ce que cela veut dire précisément le bio ?

VD – Pour être très succinct, le bio, cela consiste à s'interdire l'utilisation d'engrais de synthèse (l'ammonitrate, l'engrais azoté), l'utilisation de tous les produits phytosanitaires de synthèse (notamment le glyphosate dont on a beaucoup entendu parler dernièrement). Tous les produits de synthèse sont strictement interdits. Pour les traitements sur les animaux, on privilégie la prévention, on utilise les méthodes homéopathiques, l'aromathérapie, toutes les médecines douces. Le cahier des charges européen est très contrôlé.

AF – Ce cahier des charges ne vous conduira-t-il pas à vendre le lait plus cher ? L'argument de ceux qui choisissent l'élevage intensif, c'est que cela leur permet d'être concurrentiels sur le marché. S'il est vrai que les consommateurs exigent maintenant le pâturage, ils plébiscitent aussi les produits les moins onéreux en vente dans les grandes surfaces.

VD – Oui. Dans le marché agricole cela se passe comme dans n'importe quel secteur : il y a actuellement une forte demande des consommateurs, donc les prix se maintiennent. Dire que l'on va gagner plus en passant au bio qu'en restant dans l'agriculture conventionnelle, c'est loin d'être évident. Parce que, sur l'exploitation, on produit moins. On est un petit peu mieux payés, mais on produit moins. J'en ai parlé avec mon comptable, qui suit des exploitations en agriculture biologique ; d'après lui, la rentabilité n'est pas forcément plus élevée. On ne gagne pas forcément mieux sa vie en passant au bio. En revanche, on adopte une autre façon de produire, qui me plaît beaucoup.

AF – Vos bêtes y trouveront-elles leur avantage ?

VD – Sur mon exploitation, où les animaux vont déjà beaucoup au pré, la marge est très faible. Dans un élevage industriel, robotisé, avec l'ensilage, et beaucoup d'achats de compléments à l'extérieur, la marge serait bien plus forte. Ce serait nettement plus difficile de passer à l'agriculture biologique. Dans mon cas, mes animaux produisent déjà très peu de lait, entre cinq et six mille litres. Dans un élevage robotisé, c'est très proche des dix mille litres par an et par vache : c'est le double de chez moi. J'insiste bien : dans mes conditions à moi, la marge est vraiment très faible pour passer à l'agriculture biologique. Et j'insiste aussi : l'industriel auquel je vends mon lait a besoin que je passe au bio.

AF – Hubert Charuel, y a-t-il des moments dans votre vie, et notamment quand, pour tourner le film, vous êtes retourné dans l'ancienne exploitation de vos parents, où vous regrettez de ne pas avoir choisi le métier de paysan ? Ou bien vous sentez-vous heureux, soulagé de faire autre chose, de voir vos horizons s'élargir ?

HC – Non, je ne regrette pas de ne pas avoir repris la ferme. Mais c'est une question que je me suis posée. Et je pense que je portais une forme de culpabilité de ne pas avoir repris le royaume... de ne pas avoir repris la ferme de mes parents. Pour moi ce film était une manière, je crois, de reprendre le flambeau à ma façon, et aussi de me débarrasser de cette culpabilité.

AF – Oui, parce que vous êtes fils unique, donc vos parents n'auront pas de successeur. Il n'y aura personne.

HC – Non...

AF – Et eux-mêmes sont-ils tristes ou fiers que vous soyez devenu cinéaste, et que votre premier film, en plus, leur rende cet hommage ?

HC – C'est passé. Mon père a toujours été très détaché, il en avait vraiment marre des vaches, il n'en pouvait plus, il était très content de prendre sa retraite.

AF – Il en avait marre des vaches ?

HC – Oui. C'est quand même extrêmement contraignant. Lui, il aimait bien les vaches mais ce n'était pas sa passion. Il est passionné de chevaux. Il a plein de chevaux, il est très heureux comme cela. Les vaches, c'était la passion de ma mère. Et je pensais que ça allait être très difficile pour elle, mais je crois finalement qu'aujourd'hui elle est aussi contente d'avoir un peu arrêté.

AF – Et vous, Vincent Delargillière, cela reste votre passion, les vaches ?

VD – Moi, cela fait douze ans que j'ai repris l'exploitation, et si je devais choisir de nouveau un métier, je choisirais celui-là sans hésiter. Avant de reprendre l'exploitation, j'ai travaillé dans le monde de l'industrie laitière, en laiterie, et tous les voisins de mes parents disaient : « Ton fils, il va goûter aux week-ends, aux vacances... jamais il ne reviendra à la ferme. » Je suis revenu, et je peux vous dire que, depuis douze ans, je me lève tous les matins en adorant mon métier.

AF – En dépit des contraintes, du stress... ?

VD – En dépit des contraintes, que j'accepte. On a des contraintes, c'est vrai, mais aussi de gros avantages. On travaille avec la nature. Là je suis venu à Paris aujourd'hui : c'est un rythme que je ne pourrais pas supporter. J'ai l'impression de vivre dans une petite bulle dans ma ferme... Le matin, je vois le soleil se lever en allant chercher les vaches. Cela n'a pas de prix.

AF – Et vous n'êtes jamais lassé par vos bêtes ?

VD – Non. Jamais. Absolument pas. C'est un plaisir de faire naître une vache, de voir un veau... C'est une passion pour moi.

4

L'ÉLEVAGE EN QUESTION

Avec Jocelyne Porcher et Yann Sergent

AF – L'autre jour, sur une autre antenne, j'ai dit mon hostilité à la Ferme des mille vaches, et j'en ai exposé les raisons. Quelques jours après cette émission, j'ai reçu une lettre amicale et critique. Son auteur, Yann Sergent, m'invitait à visiter une ferme pratiquant ce type d'élevage, pour voir ce qu'il en est et me guérir de mes préventions. Je n'ai pas encore eu la possibilité de me rendre à cette invitation, mais mon correspondant a bien voulu, lui, répondre à la mienne, et dialoguer aujourd'hui avec Jocelyne Porcher, auteur notamment de *Vivre avec les animaux. Une utopie pour le XXIe siècle*[1]. Avant d'entamer cette discussion, je voudrais demander à l'un et à l'autre de mes invités de se présenter. Qui êtes-vous ? Que faites-vous ? Quelle a été votre trajectoire professionnelle ?

YS – Je suis vétérinaire, j'ai commencé par six ans d'élevage en Afrique, j'ai travaillé dans des centres de recherches sur le zébu. Après cela, je suis rentré en France et j'ai fait de l'élevage de poissons en mer pendant une quinzaine d'années, j'ai monté une petite entreprise de fumage et l'ensemble s'est cassé la figure parce que je n'ai pas su négocier les choses avec la grande distribution. Ensuite j'ai travaillé pendant

1. Jocelyne Porcher, *Vivre avec les animaux. Une utopie pour le XXIe siècle*, La Découverte, 2011.

trois ans comme vétérinaire inspecteur en abattoirs, parce qu'il fallait bien faire bouillir la marmite – ce n'était pas un travail réjouissant. Puis j'ai pris quelques années sabbatiques pour aller naviguer un peu, et j'ai travaillé en vaches laitières, à la pointe de Bretagne, ce qui m'a permis de voir des élevages de différentes tailles, et d'avoir un peu d'expérience sur l'élevage laitier moderne.

AF – Vous avez travaillé « en vaches laitières » mais toujours comme vétérinaire ?

YS – Oui.

AF – Vous alliez inspecter ces vaches, vous veniez à la demande des agriculteurs quand elles étaient malades ?

YS – Dans un premier temps, j'ai travaillé pour des vaccinations, parce que c'était la période d'épidémie de FCO (fièvre catarrhale ovine) et il fallait vacciner les bovins contre cette maladie. Ensuite, j'ai commencé à les soigner et à aller dans les fermes quand les éleveurs m'appelaient.

JP – Je suis actuellement directrice de recherches à l'Inra et je travaille sur les relations de travail entre humains et animaux. Ce que mon parcours a de particulier, c'est que j'ai pu poser certaines hypothèses grâce au fait que j'ai été éleveuse moi-même. J'ai travaillé comme éleveuse de brebis laitières, je faisais du fromage dans les années 80 – je suis néorurale.

AF – Néorurale, dites-vous : quelle était votre activité professionnelle avant de devenir éleveuse ?

JP – J'étais secrétaire à Paris, j'étais citadine et je travaillais dans une grande entreprise. J'ai quitté ce métier, je suis allée à la campagne.

AF – Qu'est-ce qui vous a poussée à ce choix ?

JP – Je crois que j'étais jeune, j'avais envie de choisir ma vie et non de suivre une vie tracée par mes origines sociales.

AF – Combien de temps votre expérience d'éleveuse a-t-elle duré ?

JP – Une dizaine d'années. J'ai arrêté pour des raisons familiales et, alors que je m'étais installée avec le minimum nécessaire, qui était à l'époque le BTA (brevet professionnel agricole), j'ai repris un parcours de formation du BPA (Bac agricole) à la thèse, après avoir été éleveuse. C'est cela qui a joué sur les hypothèses de recherches que j'ai posées : j'avais été éleveuse avant d'apprendre quoi que ce soit sur l'élevage.

AF – Votre ferme, votre entreprise – je ne sais pas quel mot employer – marchait-elle bien ?
Vous n'avez pas abandonné parce que vous n'arriviez pas à joindre les deux bouts ?

JP – C'était une petite ferme de néorurale...

AF – Dans quelle région ?

JP – Dans la région toulousaine. Je n'aurais pas vécu de mon travail si j'avais vécu seule, mais c'est le cas de beaucoup de néoruraux aujourd'hui. La vie privée et la vie au travail s'articulent pour faire un mode de vie lié à la campagne.

AF – Maintenant que j'en sais un peu plus sur l'un et sur l'autre, nous pouvons commencer la discussion. Parlons de cet exemple : la Ferme des mille vaches. Je suis allé à Amiens il y a quelques semaines parce que deux associations, L214 et Écologie sans frontières, avaient assigné la direction de la Ferme des mille vaches et la société exploitante en référé pour obtenir qu'enfin une visite des installations et des animaux soit faite en toute transparence sous le contrôle de la justice. Le procès a eu lieu, j'ai assisté à l'audience et les deux associations ont été déboutées. On estimait que des vétérinaires s'étaient déjà rendus sur les lieux, et qu'une nouvelle inspection n'était pas nécessaire. Mais une association de riverains, que j'ai rencontrée à Amiens, avait publié une petite brochure dans laquelle j'ai lu un texte de vous, Jocelyne Porcher, très bref et très intéressant, intitulé « Mille vaches ? Non, mille ouvrières invisibles ». Vous dites que, dans les fermes de ce type, l'existence des vaches se résume à la production. Pouvez-vous développer cette critique ?

JP – C'est le cœur de mon travail, de montrer que la condition animale et la condition humaine sont liées dans les systèmes de production industriels et non industriels. Si l'on ne regarde cette Ferme des mille vaches que du point de vue des animaux, du bien-être, de l'éthologie, on peut considérer que ça va, que les vaches ont des tapis de sol comme ci et comme ça, que l'alimentation est convenable, qu'elles ne sont pas malades, qu'elles ne boitent pas, etc.

AF – Il y a des boiteries tout de même.

JP – C'est une simple supposition. Mais en vérité, si l'on regarde les choses par l'angle du travail, on s'aperçoit que le sens de la relation de travail entre humains et animaux est complètement pulvérisé parce que le monde des vaches est réduit à la stabulation, à la traite – il y a des travailleurs qui traient sans arrêt. C'est la perte complète du monde commun. Il faut que la relation de travail entre humains et animaux ait du sens, d'abord pour qu'elle ait une légitimité, pour qu'elle soit comprise, assumée, partagée par tout le monde dans ces exploitations – or ce n'est pas le cas précisément parce que ce sont des exploitations et non des fermes. Je récuse complètement le terme de « ferme-usine », c'est un oxymore, comme « élevage industriel ».

AF – Vous récusez ces deux termes de « ferme-usine » et d'« élevage industriel », car pour vous il s'agit en fait de « production de machines animales », sous l'égide de la zootechnie. Il ne peut pas y avoir d'élevage industriel. C'est soit la ferme, soit l'usine, soit l'élevage, comme relation, soit l'industrie, comme rupture de toute relation.

JP – Exactement. En ce moment, se multiplient les projets de développement de ces « usines de production animale », pour les taurillons, les poulets, les cochons... On est dans un processus d'accélération, et la même question se pose : que font les animaux avec nous là-dedans, et quel est le sens de la relation que l'on a avec eux ?

YS – Sur le fait que mille vaches ne posent pas plus de problèmes de bien-être animal que deux cents vaches ou cent vaches, je vois que l'on est d'accord. Je suis donc allé voir l'éleveur chez lequel je vous invite et il m'a dit : « Dis à ton philosophe que mille vaches ce n'est pas une fois mille vaches, c'est mille fois une vache, que chacune a sa personnalité. » Lui n'a pas mille vaches, il en a deux cents. Je parle de vaches laitières, pas des autres secteurs. Je suis passé dans de petits et de gros élevages, il y a réellement de bons éleveurs partout. La taille n'est donc pas un critère. Qu'ensuite l'homme et l'animal vivent ensemble, je suis entièrement d'accord. Que les conditions soient dures, je le reconnais aussi. Le fait que les animaux ne sortent pas en pâture, je comprends que cela puisse blesser et offusquer, mais je voudrais vous raconter une anecdote. On avait deux juments, l'une est morte il y a trois ans. L'autre s'est retrouvée toute seule, un peu perdue. Je l'ai donc gardée à la maison pendant une quinzaine de jours pour qu'elle s'habitue, qu'elle se calme. Ensuite je l'ai conduite dans une pâture qui est à deux kilomètres de chez nous, où elle avait passé beaucoup de temps, une pâture superbe, pleine d'herbe, avec vue sur la mer. Une demi-heure plus tard, elle était rentrée à la maison, elle était retournée toute seule dans une stalle dans laquelle je la mettais en hiver la nuit, dans un bâtiment sombre, et c'est là qu'elle préférait être. Sa priorité ce n'était pas l'herbe, la pâture, le plein air, c'était la sécurité. Vous le dites très bien, madame, dans votre livre : ce sont des herbivores, ce sont des proies, ce qui compte pour eux avant tout, c'est la sécurité. Je crois donc qu'il ne faut pas commettre l'erreur de s'identifier à eux. On ne le peut pas.

AF – Ce n'est pas, je crois, faire preuve d'anthropomorphisme que d'être choqué par l'enfermement et l'isolement des animaux. Les vaches ne voient jamais l'herbe ni le ciel, elles vivent dans des logettes d'où elles ne sortent que trois fois par jour pour la traite. Ouvrières et machines, rien d'autre. Est-ce ainsi que les vaches doivent vivre ?

YS – Je crois que vous n'avez jamais vu de logette... C'est simplement un endroit où la vache peut venir se coucher. Mais elle est libre d'entrer et de sortir de cette logette, de partir courir dans les couloirs, d'aller à l'endroit où elle peut manger. Ce n'est absolument pas un enfermement. Ce sont des lieux de repos. La logette s'oppose à la stabulation. L'éleveur chez lequel vous êtes allé assister à la danse de printemps a fait l'apologie de la stabulation ; il a raison, c'est un choix qui s'oppose à la logette. Mais la logette a l'intérêt d'être un endroit où la vache s'isole, un lieu toujours propre parce que conçu pour qu'elle ne puisse pas faire demi-tour, donc qu'elle ne puisse pas souiller la paille de son abri. Ainsi, elle est à l'abri. Cela évite que sa mamelle ne soit piétinée par les voisines.

JP – Que ce soit des logettes ou de la stabulation, le fait est qu'elles ne sortent pas, qu'elles ne vont pas pâturer, qu'elles ne marchent pas, qu'elles ne peuvent pas courir... Elles sont dans un univers uniquement humain, c'est cela le problème. Elles sont dans une construction humaine, dans le travail humain, et uniquement. Les animaux en élevage ont leur propre monde, et le monde propre d'une vache, c'est dehors, c'est la pâture.

AF – Vous avez fait référence à l'agriculteur auquel j'ai rendu visite le lendemain de l'audience d'Amiens. En effet j'avais vu un documentaire à la télévision avec cet agriculteur qui présentait cette danse des vaches. J'ai essayé d'entrer en contact avec lui, par une journaliste de *Marianne* cela m'a été possible, et il m'a invité à venir voir la danse des vaches. J'ai assisté à la première sortie de ces vaches après le long hiver dans l'étable. Leur joie m'a appris quelque chose sur ce que pouvait être, pour elles, la souffrance de la claustration. Il est possible que le concept de bien-être animal ne mesure pas cette souffrance. Mais elle existe pourtant. En condamnant les vaches à l'enfermement perpétuel, on les plonge, sans les brutaliser, sans nécessairement leur faire de mal, dans un insondable chagrin. Et M. Delargillière m'a fait visiter ensuite ses installations : ce sont des étables ouvertes sur l'extérieur, il n'y a pas de logettes, les vaches vivent ensemble, selon l'atavisme qui les pousse à se protéger d'un agresseur éventuel (vous le dites très bien, madame Porcher, ce ne sont pas des prédateurs mais des proies) elles dorment en rond. Or tout cela, tout cet équilibre est rompu par la production de machines animales, on a envie de dire : de quel droit ? pourquoi ? qu'est-ce qui nous autorise à nous comporter ainsi ?

YS – Je comprends que l'on se pose la question. D'une part, ce sont des vaches qui ont été sélectionnées pour ce type d'activités. Les Holstein ne sont pas des vaches qui peuvent marcher longtemps, ni des vaches que vous allez emmener dans une pâture à un kilomètre, parce que c'est trop, et pour elles au moins, pendant l'hiver, le béton est plus adapté que la pâture extérieure où elles vont s'enfoncer et avoir des lésions de pied. Mais à vous entendre parler de la souffrance animale, je pense à une phrase de Tocqueville que vous avez vous-même citée. « Dans la démocratie, dit-il, les hommes, étant égaux les uns avec les autres, appréhendent la souffrance des autres en se mettant à leur place. Il n'y a donc pas de misère que l'homme démocratique ne conçoive sans peine, et dont un instinct secret ne lui découvre l'étendue. En vain s'agira-t-il d'étrangers ou d'ennemis [et là j'ajouterai "de vaches"], l'imagination le met aussitôt à leur place, elle mêle quelque chose de personnel à sa pitié, et le fait souffrir lui-même tandis que l'on déchire le corps de son semblable[1]. » Il y a de cela dans notre identification aux vaches. Or ce sont vraiment des animaux très différents de nous, extrêmement malléables et qui vivent autre chose. Je ne suis pas sûr que l'on puisse se substituer à elles. Je suis même persuadé que l'on ne le peut pas.

JP – Vous avez raison : les vaches sont dans leur monde et nous sommes dans le nôtre, mais, parce que l'on travaille ensemble, on est dans un monde commun. Et c'est dans ce monde commun que notre relation doit prendre sens. Vous suggérez qu'une vache Holstein serait « faite pour » vivre sur du béton. Non. Quel que soit le niveau de sélection que

1. Tocqueville, *De la démocratie en Amérique*, *op. cit*

l'on exerce sur les animaux, une vache, c'est une vache, et il suffit de voir des Holstein élevées autrement qu'en stabulation pour constater qu'elles sont mieux dehors qu'enfermées – quand la saison s'y prête bien sûr; je ne suis pas en train de réclamer le plein air intégral pour les Holstein. La sélection n'annule pas le rapport des vaches à leur monde propre. Une vache reste une vache dans un monde de vaches.

AF – On ne peut pas se mettre à la place des vaches, dites-vous l'un et l'autre. Mais on peut tout de même supposer leur chagrin en voyant leur joie. Bentham disait au sujet des animaux: «La question n'est pas: peuvent-ils raisonner ni peuvent-ils parler, mais bien: peuvent-ils souffrir[1] ?» C'est une réponse à la théorie cartésienne des animaux machines. «Peuvent-ils souffrir?»: oui, ils peuvent souffrir. Et peut-être y a-t-il du stress chez les animaux et une forme de détresse psychique. Nul ne se serait douté que les vaches dansent en sortant de l'étable au mois de mars et en arrivant sur le pâturage. Or elles le font. Donc il leur manque bien quelque chose si elles sont, toute leur vie, soustraites à l'herbe et à la lumière du jour. Et puisque vous avez mentionné Tocqueville, je citerai à mon tour un autre auteur, dont j'ai découvert la phrase que je vais dire dans un texte d'Elisabeth de Fontenay – c'est Lamartine: «On n'a pas deux cœurs, l'un pour l'homme, l'autre pour l'animal. On a du cœur ou on n'en a pas[2].»

YS – Je suis complètement d'accord. J'allais arriver à la conclusion suivante: ne vous occupez pas des vaches, les éleveurs le font, et préoccupez-vous des éleveurs, ils en ont sérieusement besoin. Vous avez parlé de stress, et, à propos de stress, je voudrais m'appuyer sur les épaules d'un géant qui est Henri Laborit, l'inspirateur de *Mon oncle d'Amérique*, le grand-père d'Emmanuelle Laborit, qui a décrit le premier la notion de stress en l'expérimentant sur des rats. Il s'est

1. Jean-Pierre Marguénaud, Florence Burgat, Jacques Leroy, *Le Droit animalier*, PUF, 2016.
2. Elisabeth de Fontenay, *Les animaux aussi ont des droits*, en collaboration avec Boris Cyrulnik et Peter Singer, Seuil, 2013.

aperçu qu'en les stressant régulièrement il arrivait à provoquer l'apparition d'ulcères. Non seulement il a montré que cela se produisait, mais en plus il a expliqué comment cela se passait et quel était le système neurohormonal qui conduisait à la baisse de l'immunité des animaux stressés. Dans un premier temps, le stress conduit à amener le sang vers le cerveau et les muscles : c'est soit la lutte, soit la fuite. Dans un deuxième temps, quand ni la lutte ni la fuite ne peuvent se produire, on arrive au mal-être, qui se traduit par une sécrétion glucocorticoïde qui perturbe complètement les défenses de l'organisme, donc les affaiblit, et il faut absolument éviter d'arriver à ce stade-là parce que alors les productions animales sont évidemment perturbées

AF – On a l'impression que vous vous placez exclusivement du point de vue du confort humain : il ne faut pas stresser les animaux car cela affecte la qualité de la viande. C'est un raisonnement utilitaire, mais peut-être est-il temps de mettre une limite à l'utilitarisme, pour retrouver une relation avec les animaux, même domestiques.

YS – Vous avez raison, mais si l'éleveur est contraint d'éviter le mal-être pour des raisons simplement pratiques, c'est déjà un garde-fou, et cela prouve que l'éleveur n'a pas « intérêt » à maltraiter les animaux comme on l'entend parfois. Ensuite, on peut se demander s'il faut mettre le curseur plus loin, mais cela devient extrêmement compliqué.

JP – Si vous ramenez la question des conditions de vie des animaux dans ces systèmes à un problème de mal-être, vous passez à côté d'un point fondamental, le rapport des animaux au monde, leur subjectivité, leur affectivité. Ce n'est pas du mal-être qu'éprouvent les animaux. Je ferais plus référence à la population porcine parce que je la connais fort bien : c'est de la souffrance. J'ai montré qu'elle avait un impact sur les travailleurs, en générant chez eux une souffrance morale, éthique : la souffrance de faire souffrir les animaux. C'est véritablement de souffrance qu'il faut parler. Dans la souffrance, c'est l'être subjectif qui est malmené, et c'est bien au-delà du stress, ce qui est en jeu c'est le rapport à la vie, c'est la vie même.

AF – Jocelyne Porcher, vous faites dans vos livres une critique très forte et profonde de ce concept de bien-être. Car il procède comme la production animale de la raison calculante, c'est-à-dire de l'idée que l'on peut tout quantifier. « Les productions animales sont une monstrueuse machine à fabriquer des choses[1]. » Pourtant, avec ce concept de bien-être, on peut enrayer la machine. L'association L214 porte son nom en référence à un article du Code rural qui définit les animaux comme des êtres sensibles, et l'on a pu, au tribunal, invoquer le bien-être animal. Il ne s'agit pas simplement de plaider pour l'environnement, pour le confort humain, mais l'idée de bien-être ouvre une brèche dans l'anthropocentrisme, puisque c'est l'intérêt de l'animal lui-même qui est en question. L'introduction de cette notion dans le droit et même dans la sensibilité générale a donc peut-être des aspects positifs.

JP – Le bien-être animal en tant que problématique scientifique date des années 80 en France et vise à rendre supportables pour les animaux les systèmes industriels, tout en les rendant socialement acceptables pour nos concitoyens. Cela fait trente ans que des recherches sur le bien-être animal sont financées dans cette optique, elles conduisent à l'idée que, même au sein d'un système avec mille vaches, le bien-être animal peut être assuré selon des normes précises. Ce que promeut l'antispécisme, la libération animale, etc., c'est autre chose. Une problématique est portée par les biologistes, une autre par les philosophes, et à mon avis les deux se trompent.

AF – Mais, encore une fois, il faut bien avoir un critère pour contester les pratiques actuelles, qui peuvent aller très loin. Vous avez parlé de l'élevage ou plutôt de la production de porcs, et vous le dites dans votre livre, Jocelyne Porcher, le Salon de l'Agriculture est une carte postale, où l'on présente des villages du cochon, où l'on photographie des enfants, où

1. Jocelyne Porcher, *op. cit.*

l'on fait des selfies avec des cochons, alors que les porcs ne sont plus des animaux de ferme, et que les conditions auxquelles ils sont soumis peuvent être absolument terribles. Le livre de Jonathan Safran Foer, *Faut-il manger les animaux ?*, décrit la situation américaine ; je vais vous demander, Yann Sergent, si c'est la même en France. La truie d'élevage industriel, écrit Foer, est « maintenue autant que possible en état de grossesse, pour le restant de ses jours. Quand elle arrive à terme on lui injecte des drogues afin de déclencher le travail au moment le plus pratique pour l'éleveur. Une fois ses porcelets sevrés, la truie, grâce à des hormones, est rapidement amenée à reprendre son cycle afin d'être prête à être de nouveau inséminée artificiellement en seulement trois semaines. Dans 80 % des cas, une truie passe les seize semaines de sa grossesse enfermée dans une cage de gestation si étroite qu'elle ne peut même pas se retourner. Sa densité osseuse diminue du fait de son manque de mouvements. Privée de litière, elle développe souvent, à force de se frotter contre les parois de la cage, des blessures de la taille d'une pièce de monnaie, noirâtres et suintantes de pus. Plus graves sont les souffrances qu'engendrent l'ennui, l'isolement, le refoulement du puissant désir de la truie de se préparer à l'arrivée de ses petits. Dans la nature elle passerait le plus clair de son temps avant l'accouchement à fourrager pour bâtir un nid d'herbe, de feuilles ou de paille[1]. » Il ajoute : « Les truies gravides, comme tous les porcs dans la chaîne industrielle, doivent se coucher ou marcher dans les excréments pour les expulser par le plancher ajouré[2]. » Les choses se passent-elles comme cela en Bretagne aujourd'hui ?

YS – Je n'en sais strictement rien, je n'ai jamais mis les pieds dans un élevage de porcs.

AF – Vous vous êtes gardé de le faire ?

YS – Non, je n'en ai pas eu l'occasion. Ce sont des vétérinaires très spécialisés qui s'occupent de cela, et je n'ai jamais été appelé dans un élevage de porcs. J'ai fait en revanche un

1. Jonathan Safran Foer, *op. cit.*
2. *Ibid.*

bref séjour dans un abattoir de reproducteurs, j'en ai vu certains dans un état inacceptable, alors que j'ai passé trois ans dans un gros abattoir industriel de porcs charcutiers où les animaux ne semblaient pas avoir été martyrisés. Je ne sais pas ce qui s'était passé avant, mais ils étaient en bon état, ni craintifs ni peureux... C'est tout ce dont je peux témoigner.

JP – Je connais bien la production de porcs. Cette description que vous avez lue est décalée par rapport à la situation française, mais un point est juste, c'est que dans de telles unités on produit *du* porc. On produit de la matière animale. Ce n'est pas de l'élevage, on en est loin. Ce n'est même pas de la production de porcs : on produit *du* porc. On est vraiment dans un système conceptualisé au XIXe siècle par la zootechnie, et qui transforme la relation de travail aux animaux qu'était l'élevage en production de matière animale. Avec la production porcine, on est vraiment dans un monde ultraviolent où les salariés sont dans une course au moins cher.

AF – Puisqu'on en est aux citations, je voudrais lire ce bel éloge du cochon, par Claudel : « C'est une bête solide et tout d'une pièce, sans jointures et sans cou, ça fonce en avant comme un soc, cahotant sur ses quatre jambons trapus, c'est une trompe en marche qui quête, et toute odeur qu'il sent, y appliquant son corps de pompe, il l'ingurgite. » Et sur la truie : « Son flanc est plus obscur que les collines que l'on voit au travers de la pluie, et quand elle se couche, donne à boire au bataillon de marcassins qui lui marchent entre les jambes, elle me paraît l'image même de ces monts que traient les grappes de villages attachées à leurs torrents, non moins massives et non moins difformes[1]. » À cette époque si proche et si lointaine, le cochon était un animal, et pas simplement de la matière animale.

Jocelyne Porcher, pensez-vous qu'il soit possible et souhaitable de sortir de cette production de machines animales, ce que vous refusez d'appeler l'élevage industriel, et de revenir à un autre type d'élevage, celui que pratique par exemple M. Delargillière que j'ai vu dans l'Oise ? Une utopie pour le

1. Paul Claudel, *Le Bestiaire spirituel*, Mermod, Lausanne, 1949.

XXIe siècle ? N'est-il pas déjà trop tard ? Enfin, un tel type d'élevage ne pose-t-il pas de graves problèmes écologiques ?

JP – Les systèmes industriels sont condamnés à leur propre dissolution dans leur fonctionnement même. Ils vont être remplacés par des produits de l'agriculture cellulaire (viande *in vitro*…) et des substituts végétaux également soutenus par le mouvement vegan. Ces systèmes nés au milieu du XIXe siècle vont disparaître au XXIe.

AF – Pourtant l'on dit toujours que c'est une possibilité de nourrir la planète ; des traités de libre-échange sont en discussion, et peut-être la viande américaine beaucoup moins chère va-t-elle inonder notre marché – ce qui ne tuera pas la production animale mais risque de tuer des élevages comme celui de M. Delargillière.

JP – Pour avoir une vision prospective de l'avenir à propos des productions animales et de l'élevage, je dirai que les productions animales sont condamnées à disparaître, que ce soit aux États-Unis ou ici, parce qu'elles vont être remplacées par autre chose. Mais il est vrai que l'enjeu c'est de préserver l'élevage, en tant que rapport historique de travail aux animaux, et cela, c'est possible. Non pas de revenir en arrière – les éleveurs d'aujourd'hui ne sont pas ceux d'hier, les animaux d'aujourd'hui ne sont pas pour eux ceux d'hier – mais on peut inventer un autre élevage. Chaque éleveur a avec ses animaux des relations particulières et il construit son système en fonction. On peut imaginer refaire de l'élevage : on a en France des atouts extraordinaires pour sortir des productions animales.

YS – On peut être d'accord sur le fond, mais s'attaquer aux élevages du type de la Ferme des mille vaches c'est viser des effets dont on a tous collectivement mis les causes en place. Depuis un accord signé en 1961, l'Europe s'interdit de taxer les oléagineux en provenance des États-Unis. Dès lors, il a été plus intéressant de produire des animaux avec du concentré qu'avec des pâturages. On a donc tout déséquilibré. Ensuite, l'Europe s'est agrandie : l'Allemagne se retrouve avec de la main-d'œuvre pas chère en provenance de Pologne et de Tchéquie. Elle a, de surcroît, arrêté le nucléaire, et rachète très cher l'électricité produite par les méthaniseurs. Ils en ont huit mille, alors qu'il y en a quelques centaines en France.

AF – Qu'est-ce exactement que la méthanisation ?

YS – C'est une façon de traiter en anaérobie les déchets, les déjections animales (ou d'autres produits, comme des déchets verts) et de produire du méthane. On l'utilise ensuite pour faire tourner une turbine, pour faire de l'électricité, ou on l'injecte dans les réseaux de gaz de ville. L'intérêt de ce méthaniseur c'est qu'au lieu d'avoir des effluents d'élevage qui sont un coût, ils peuvent représenter une petite ressource. Ils permettent de diminuer le prix de vente. En Allemagne, ils ont beaucoup de méthaniseurs pour des prix de rachat de l'électricité élevés, et cela leur permet de diminuer leurs coûts. Ils ont une main-d'œuvre pas chère et les frontières sont toutes grandes ouvertes. On peut dire ce que l'on veut mais si l'on veut avoir un mode d'élevage différent en France, il faut fermer les frontières. Est-ce que l'on y est prêts ? Ou alors on condamne nos éleveurs à mort. La Ferme des mille vaches c'est cela, quelques éleveurs qui se réunissent pour dire : « On va produire suivant le modèle allemand, comme ça, on arrivera à tenir aux niveaux de prix. »

AF – Ce que vous dites est très intéressant. J'ai lu dans *Le Point* cet article de Pierre-Antoine Delhommais : « Depuis vingt ans l'élevage en Europe du Nord s'est entièrement restructuré. Regroupements et concentration à marche forcée ont permis de créer des exploitations de grande taille capables de produire au coût le plus bas. Grâce à l'élimination des élevages les moins compétitifs, à la spécialisation, à l'innovation technologique, et à l'agrandissement des exploitations, la production s'est améliorée en Europe du Nord, tandis qu'elle stagnait en France. La production porcine n'a augmenté en France que de 9 %, quand elle a progressé en même temps de 29 % au Danemark et de 43 % en Allemagne. » Tous les politiques aujourd'hui se veulent progressistes. Le conservatisme est leur bête noire. « Nous sommes le parti des gaz de schiste et des OGM », disait fièrement l'ancien ministre de Nicolas Sarkozy, Luc Chatel. Et l'adversaire des réformes sociétales qu'est Hervé Mariton s'indigne des procès faits à la Ferme des mille vaches : « Ils conduisent à enfermer le raisonnement agricole français dans une vision restreinte qui n'est pas l'avenir de notre agriculture. Il faut assumer cette modernisation. Les dimensions qui font frémir en France paraissent assez moyennes dans bien d'autres endroits. » Cela semble contredire, Jocelyne Porcher, votre diagnostic ou votre pronostic : on s'oriente vers toujours plus de production animale, toujours plus de concentration, et les agriculteurs français pour survivre sont invités, notamment par leur syndicat principal, la FNSEA, à faire pareil. Or vous dites que l'on est en train de tourner la page.

JP – On est dans un processus de concentration et d'industrialisation accélérées, mais qui va être gagnant dans cette compétition infernale. A-t-on les moyens en France d'être compétitifs sur des systèmes de grandes dimensions ? Et cette course à l'industrialisation est-elle intéressante d'un point de vue sociétal ? On ne sait pas ce que veulent les citoyens français, on ne sait pas ce que veulent les consommateurs. N'est-il pas possible d'être compétitifs sur des produits de qualité, d'abandonner les systèmes industriels, de les laisser aux Allemands ? Quant aux consommateurs français qui voudront acheter allemand : qu'ils achètent allemand ! Vous dites que cela fera disparaître les éleveurs mais non, au contraire : si l'on choisissait de refaire de l'élevage en France, on pourrait multiplier le nombre d'élevages et recréer de l'emploi... Alors que si l'on poursuit dans cette direction, non seulement on perdra la compétition parce que l'on n'a pas les moyens de la gagner, mais en plus on fera disparaître l'élevage. On discrédite la relation de travail aux animaux, et on sera perdants sur tous les tableaux.

YS – Je ne veux pas dire que je souhaite cette évolution. Mais, par exemple, en lait, on est compétitifs, puisque les Chinois sont venus installer une usine il y a trois ans. L'usine a tourné au ralenti ou pas du tout à la suite de la petite crise en Chine, mais ils viennent d'annoncer qu'ils allaient construire deux autres unités. Ce qui prouve qu'ils sont contents de trouver du lait en Bretagne. Par ailleurs, je pense qu'il faut faire confiance aux éleveurs: je ne vois pas bien au nom de quoi les 97% de Français qui ne sont pas agriculteurs pourraient continuer à donner des leçons aux autres.

AF – Il y a des agriculteurs qui eux-mêmes ne se résolvent pas à cette évolution, la combattent – je citais l'agriculteur que je suis allé voir près de Beauvais, mais il n'est pas le seul, madame Porcher a d'autres exemples.

YS – Il y a effectivement des gens qui font par exemple du Beaufort avec du lait de Tarine ou d'Abondance sur des pâturages de montagne, il y a des gens qui font du bio, il y a des gens qui font du Salers, il y a des gens qui ont des niches extraordinaires, et c'est formidable. Je suis passé, parce que je savais que je venais ici, au marché où j'ai vu des fromages vendus entre 20 et 40 euros le kilo. Je suis passé ensuite en grande surface où il y avait des fromages à la coupe qui coûtaient entre 15 et 25 euros le kilo, et des fromages préemballés entre 6 et 10 euros. Il y a un marché pour des Rolls Royce, et un marché pour des Logan. On peut espérer modifier ce système que vous n'aimez pas et son évolution, mais certainement pas en s'attaquant aux élevages.

JP – Je ne m'attaque pas aux élevages, au contraire, je défends l'élevage. Ce que je critique ce sont les systèmes de production animale, qui sont effectivement l'essentiel de la production.

AF – Que répondez-vous, Jocelyne Porcher, à ceux qui disent: « Grâce à ce système de production, tout le monde aujourd'hui peut manger de la viande, il y a des produits qui étaient hier des produits de luxe qui sont devenus des produits de consommation courante » ? Quel argument peut-on opposer à ce discours ?

JP – Ce que je constate, c'est que les produits d'élevage sont devenus des produits de luxe. Où trouve-t-on par exemple du porc noir de Bigorre aujourd'hui ? Dans le 5e arrondissement.

Il est anormal que des produits d'élevage, dans leur simplicité, dans leur vérité de la relation aux animaux, deviennent des produits de luxe.

AF – C'est parce qu'ils sont plus chers.

JP – Oui, ils sont plus chers, et s'il y avait des milliers d'éleveurs qui faisaient ce type de productions, le prix baisserait. Continueraient-ils d'ailleurs à s'en sortir avec des prix plus bas ? Mais si l'on met en concurrence le porc noir de Bigorre avec le porc breton, évidemment. Mais on ne tient pas compte des coûts réels de la production porcine. Si l'on prenait en compte le coût sur l'environnement, le coût sur la santé au travail et sur la santé des consommateurs, on ne serait plus du tout dans le même niveau de prix. La question de l'économie doit être prise dans sa globalité. Les évolutions récentes sont tragiques. On réserve à une partie de la population une alimentation dégradée et dont on sait qu'elle produit des dégâts sur la santé. Dans la production porcine, vous avez des résidus d'antibiotiques (600 tonnes d'antibiotiques par an dans la production porcine en France), vous avez des résidus d'hormones. C'est de l'eau que vous achetez quand vous achetez du cochon industriel. De l'eau avec des cochonneries pour les masses populaires, et du porc noir de Bigorre pour ceux qui ont les moyens ? Ce n'est pas durable pour les consommateurs, et ce n'est pas durable pour l'élevage, parce que l'élevage ne survivra pas avec une dizaine d'éleveurs de cochons noirs de Bigorre.

YS – Il y a deux points avec lesquels je ne suis pas du tout d'accord. Vous dites que les porcs sont pleins d'antibiotiques. On avait à l'abattoir des programmes de recherche d'antibiotiques – deux programmes, un programme aléatoire où l'on prenait régulièrement une centaine d'échantillons, et un programme ciblé quand on voyait un cochon dont on se disait « celui-là a très probablement été soigné », on ciblait l'échantillon. On n'en trouvait pas une demi-douzaine sur un million et demi de cochons par an.

JP – La filière porcine utilise 600 tonnes d'antibiotiques par an. Où passent-ils… ?

YS – C'est possible, mais ce sont des animaux à sang chaud, les antibiotiques, sont métabolisés relativement vite. Si l'on est souvent obligé, lors d'un traitement antibiotique, de prendre le médicament plusieurs fois par jour, c'est bien parce qu'il est métabolisé, c'est-à-dire transformé, rendu inefficace. Toujours est-il qu'au niveau de l'abattoir, on n'en trouvait pas. Deuxième point : qu'est-ce qui explique la qualité du cochon ? C'est relativement simple. Les Français mangent du jambon, et les hygiénistes leur ont dit qu'il ne fallait pas manger de gras, donc ils demandent du jambon maigre. Quand vous voyez la croissance d'un mammifère, poussent d'abord les os longs (vous voyez un adolescent, un poulain, un veau), ensuite poussent les muscles, et ensuite pousse le gras. Donc on abat les animaux avant que le gras ait commencé à s'installer. Or c'est le gras qui donne le goût, la proportion en eau et la proportion en gras ont une relation inversée. Ainsi, pour avoir des jambons conformes au goût français, tout le reste du cochon est insipide.

JP – Ce n'est pas le « goût français ». C'est le goût que l'on a imposé aux consommateurs depuis les années 70, depuis le plan de rationalisation de la production porcine. En 1970, l'État et les filières professionnelles ont décidé de rationaliser cette production porcine, d'en faire une production industrielle. On a saccagé les races de cochons, il ne reste plus que six races locales en France, qui regroupent deux mille reproducteurs. On a imposé cela aux gens, mais je pense qu'ils aimeraient bien manger du vrai cochon.

AF – On leur a imposé cela pour des raisons hygiéniques, parce que l'on dit que le gras n'est pas bon. Il y a tout de même une espèce de pression, qui relève peut-être de la manipulation mais aussi de l'obsession de la santé, qui aujourd'hui régit le goût majoritaire. Mais je voudrais en venir à la question du spécisme, et plus généralement de la libération animale. C'est une cause très puissante. Ces militants de la libération animale qui diffusent des images insoutenables nous invitent à cesser d'être carnivores. Le spécisme dont ils se réclament, c'est l'idée selon laquelle il ne faut introduire aucune discrimination entre les hommes et les autres animaux, or cette discrimination est pensée sur le modèle du racisme et du sexisme. Que pensez-vous d'un tel mouvement, d'une telle évolution de la sensibilité ?

JP – Ces idées sont issues du livre fondateur de Peter Singer, *La Libération animale*[1] : mettre sur le même plan spécisme, sexisme, racisme, c'est oublier que les animaux ne sont pas des humains, avec qui on a depuis des milliers d'années des relations de travail et des relations alimentaires. L'analogie est donc absurde de mon point de vue. Quand les antispécistes critiquent la domestication et parlent, comme Sloterdijk, de « monstrueuse cohabitation », ils refusent de comprendre ce qu'est un animal.

AF – Ils font de l'élevage comme relation et de la production animale deux modalités d'une même exploitation avec laquelle il faudrait en finir. Mais s'il n'y a plus d'animaux domestiques, il n'y aura pas d'animaux du tout.

JP – Ce mouvement ne fait volontairement pas la différence entre les productions animales et l'élevage, parce que si l'on s'intéresse à l'élevage on s'aperçoit que ce qui nous lie, c'est-à-dire la relation de travail, n'est pas un état d'asservissement des animaux.

AF – Un « partenaire de labeur », dites-vous de l'animal domestique.

JP – Oui. La domestication ne s'est pas faite sans les animaux. Toutes les espèces n'ont pas été domestiquées, et celles qui sont domestiques sont des proies, à l'exception du chien. Elles ont intérêt à vivre avec des humains.

AF – On les libère de quelque chose. On leur donne la quiétude.

1. Peter Singer, *La Libération animale*, Grasset, 1993.

JP – Je crois que la libération animale est vraiment un projet politique de libération des humains par rapport aux animaux. Et non pas un projet de libération des animaux. On s'achemine, en tuant la relation domesticatoire, vers un monde sans animaux. Pour moi, les associations de libération animale, L214, les antispécistes, travaillent à ce projet politique d'une autre société, où les animaux ne sont plus assez rentables, ne sont plus assez productifs, et où l'on peut les remplacer par des choses avec des brevets, des robots, de la viande *in vitro*...

AF –... et où l'espèce humaine s'affranchit du mal en cessant d'être carnivore.

YS – Je crois que le problème vient du fait que l'on ne sait plus remercier. Les aborigènes, quand ils tuent un animal, en prennent toujours un petit morceau qu'ils rejettent à la terre, ce qui est une façon de remercier. Dans l'abattage casher, il y a une prière. Dans l'abattage hallal, il y a une prière. Chez les chrétiens, il n'y en avait pas mais il y avait un bénédicité qui signifiait « merci pour ce repas ». L'abattage, ce n'est pas une élimination. C'est là où la comparaison avec les camps d'extermination est totalement injuste et inappropriée. L'abattage, c'est la transformation d'un animal vivant en un produit que l'on essaie de transformer en plaisir à travers la consommation.

AF – Cette comparaison a tout de même du sens, puisque dans l'abattage industriel il n'y a plus de place pour le remerciement, ce sont les cadences infernales de la tuerie.

YS – C'est très curieux, parce que, effectivement, chaque fois, c'est une sensation extrêmement pénible mais, en même temps, quand vous regardez la chaîne telle qu'elle se déroule, pour chaque animal cela se passe à peu près au mieux. Le problème (et c'est un peu la même chose avec l'élevage) c'est de savoir ce qui fait que, pour l'animal, on a optimisé les conditions d'élevage et les conditions d'abattage, et que l'on en ressort pourtant avec une sensation de malaise épouvantable. Vous avez sans doute lu la chronique de Paul Thibaud l'autre jour dans *Le Figaro* : « Aussi justifiée que soit notre réprobation des conditions de "l'abattage" [mais on pourrait dire la même chose de l'élevage], elle manifeste peut-être l'assoupissement, et non l'élargissement du sentiment de notre humanité[1]. » Je me demande si l'on n'a pas des questions à se poser là-dessus, le fait de savoir dire merci, d'avoir un devoir et pas seulement des droits.

JP – Ce n'est pas dans les systèmes industriels que l'on aura l'occasion de dire merci. Dans un abattoir, on tue 850 porcs à l'heure, j'ai fait des enquêtes dans ces abattoirs, j'ai eu des entretiens avec les saigneurs, ou les assommeurs... Ils voudraient bien dire merci, mais ce n'est pas possible. On travaille actuellement sur des alternatives à l'abattoir.

AF – Vous pensez que l'on peut revenir à l'abattage à la ferme, Jocelyne Porcher ?

JP – Oui. Je défends cet abattage dans le cadre d'une association qui s'appelle « Quand l'abattoir vient à la ferme », parce que cela répond à la demande de nombreux éleveurs. Dans l'abattoir industriel, mais aussi dans les abattoirs dits « de proximité », qui en fait sont de petits abattoirs industriels, il y a une perte de sens. Il faudrait en effet pouvoir dire merci, mais actuellement dans les abattoirs petits ou grands, les éleveurs ne le peuvent pas. C'est pourquoi il faut permettre aux éleveurs de petites fermes de ritualiser la mort de leur animal, c'est-à-dire lui donner du sens. Je connais beaucoup d'éleveurs qui récitent des poèmes, dans leur tête ou pas.

AF – Les conditions d'hygiène nécessaires, exigées aujourd'hui, seraient-elles réunies dans ce type d'abattage ? C'est sans doute l'objection la plus forte qui vous sera faite, au nom justement de la sécurité du consommateur.

1. Paul Thibaud, « Les animaux sont-ils nos semblables ? », *Le Figaro*, 24 avril 2016.

JP – Quand vous voyez comment fonctionne un abattoir industriel, la question du sanitaire dans ces endroits-là... Il n'y a pas photo. Les éleveurs qui sont actuellement dans l'illégalité, qui abattent chez eux parce qu'ils ne veulent pas emmener leurs animaux à l'abattoir – et c'est cela notre projet : rendre légales des pratiques illégales – ont une exigence vis-à-vis des animaux, de l'hygiène, des consommateurs, qui n'a rien à voir avec ce qui se passe dans les systèmes industriels.

YS – Ce n'est bien évidemment pas à l'abatteur de dire merci, mais au consommateur. L'abatteur, comme l'éleveur sont pour moi les boucs émissaires, non pas dans le sens où ils sont montrés du doigt mais dans le sens où ils portent la douleur de tout le monde sur cet élevage, sur l'abattage, etc. L'éleveur n'est pas content de voir ses animaux partir. Moi-même, quand j'avais des truites, j'étais malade au début de la saison d'abattage. L'éleveur est malheureux, l'abatteur aussi. Dans toute la partie de la chaîne d'abattage où les cochons étaient vivants dans l'abattoir, les gens étaient graves. Dès que le bac d'échaudage était passé, les gens plaisantaient entre eux, étaient de bonne humeur, échangeaient leurs postes, et cela se passait bien. Les premiers portent la douleur pour tout le monde ; c'est aux consommateurs de leur dire merci au lieu de les montrer du doigt et de les condamner, à mon avis.

AF – De leur dire merci... mais dès lors que certaines conditions sont respectées, et elles ne peuvent pas l'être avec des cadences infernales. Je vais vous lire pour finir une citation du juriste Jean-Pierre Marguénaud : « La soumission de l'élevage, des transports, de l'abattage, de l'expérimentation, aux exigences de la rentabilité et à l'inflexible loi du marché mondialisé font qu'il n'y a sûrement jamais eu autant d'animaux souffrant aussi terriblement que depuis qu'il existe des lois pour les protéger[1]. »

YS – J'ai l'intime conviction que cela n'est pas vrai. Il suffit d'ailleurs de voir les conditions de transport des animaux

1. Jean-Pierre Marguénaud, *Le Droit animalier*, *op.cit.*

dans les pays en voie de développement pour retrouver ce qui se passait chez nous il n'y a pas si longtemps. Et que dirait-on si un Massaï venait dans une exploitation française percer la jugulaire d'une vache pour boire un peu de son sang ?

JP – Je pense au contraire que la souffrance animale n'a jamais été aussi terrible.

5

FAUT-IL POLITISER LA CAUSE ANIMALE ?

Avec Corine Pelluchon et Jean-Pierre Digard

AF – Le 18 octobre 2016, un collectif de personnalités parmi lesquelles Françoise Armengaud, Éric Baratay, Georges Chapouthier, Yves Cristin, Boris Cyrulnik, Elisabeth de Fontenay et Matthieu Ricard publiaient dans *Le Monde* un appel dont voici quelques extraits :

« Ces dernières années, notre façon de considérer les animaux a subi une profonde révolution. Grâce à de nombreux travaux, on sait aujourd'hui que la douleur et la souffrance existent chez les animaux, des poissons aux mammifères. Si leur sensibilité n'est désormais plus contestable, et si la souffrance constitue le point de départ de toute position éthique, à quoi tout cela doit-il nous engager ? Que devient notre légitimité à les exploiter et à les faire souffrir ? Comment doit-on aujourd'hui les considérer ? Quels sont les changements précis à opérer ? Comment devrions-nous vivre demain avec les animaux ? Pour répondre à ces questions et être à l'initiative de réelles modifications dans nos rapports avec les animaux, nous demandons la création d'un secrétariat d'Etat à la condition animale, conduit par des experts multidisciplinaires, et légitimes spécialistes de la question animale. »

À mes deux invités, l'anthropologue Jean-Pierre Digard et la philosophe Corine Pelluchon, je demanderai pour commencer s'ils approuvent cette démarche, et, de manière plus générale, s'il leur paraît judicieux, voire urgent de politiser la cause animale.

CP – J'approuve le principe d'une politisation de la question animale, mais la solution proposée, un secrétariat d'État, ne me semble pas la meilleure, car un secrétaire d'État n'est pas un ministre autonome; il travaille sous l'autorité d'un ministre, et ne peut pas siéger au Conseil des ministres, sauf si le Président lui confie une mission particulière. Cela signifie que son initiative est extrêmement limitée et dépend complètement des convictions du Président ou du ministre sous l'autorité duquel il travaille.

AF – Si un président de la République ou un Premier ministre choisit de former un gouvernement avec un secrétaire d'État à la cause animale, c'est bien parce qu'il est sensible à cette cause et qu'il désire le montrer.

CP – C'est juste, mais il ne faut pas que cela soit un alibi...

AF – Cela ne peut pas être pour saboter son travail...

CP – Ce n'est pas évident, parce qu'un secrétaire d'État n'a pas tellement de marge de manœuvre.

AF – Il faut bien commencer.

CP – En effet. Si cela arrivait, cela témoignerait assurément d'un progrès et de la prise de conscience par le chef d'État de l'importance de cette question. Toutefois, il faudrait que le secrétaire d'État ait les moyens de travailler et que le Président soit profondément convaincu (c'est cela la condition). Maintenant, je partage totalement les vues des auteurs du texte collectif qui a été publié. À propos de la question plus profonde et philosophique de savoir s'il faut politiser la cause animale, je voudrais dire la chose suivante: après quarante-cinq ans d'efforts théoriques en éthique animale, mais aussi d'avancées juridiques, comme on le voit notamment avec les directives européennes, la condition des animaux ne s'est pas améliorée. Cela vient en partie du fait que nous sommes 7 milliards et demi et que le système de production (de viande notamment) est soumis à des pressions économiques fortes et au modèle industriel. De plus, la plupart des personnes n'ont pas modifié leurs styles de vie. Cet échec partiel des éthiques animales exige que l'on change de stratégie. En outre, politiser la question animale signifie qu'elle concerne *le* politique et *la* politique. Le politique implique de faire entrer la question animale dans la définition de la justice. Il s'agit de comprendre que les intérêts des animaux comptent parce que ces derniers partagent avec nous la Terre, et que leur existence nous oblige. La forêt, par exemple, n'est pas vierge ; elle est habitée par les orangs-outangs qui souffrent des conséquences de la déforestation car leur habitat est détruit. De même, nous avons domestiqué certains animaux. Leurs normes éthologiques et leur subjectivité devraient limiter notre droit de les user comme bon nous semble, ce qui veut dire que nous ne pouvons pas les détenir sans respecter leurs besoins de base. Enfin, les animaux subissent les conséquences indirectes de nos activités économiques et de la pollution que nous causons. Les intérêts des animaux doivent donc être pris en compte en politique puisque nous appartenons à une communauté mixte ; nous devons apprendre à mieux cohabiter avec eux. C'est un défi, puisque seuls les humains, s'adressant à d'autres humains qui parfois vivent de l'exploitation animale, peuvent porter les intérêts des animaux sur la place publique. Même si l'humain n'est pas la source unique de la légitimité, c'est lui qui formule les droits des animaux ; celles et ceux qui défendent les intérêts des animaux dans la cité devront donc négocier avec d'autres personnes qui ne sont pas encore d'accord pour cesser l'exploitation animale. D'où la nécessité de trouver des accords sur fond de désaccords, ce qui est la définition de *la* politique. Celle-ci suppose d'avoir une stratégie à court terme et à long terme et une méthode. C'est ce que j'ai essayé de faire dans mon *Manifeste animaliste*[1]. On le voit, cette question engage quelque chose de très profond sur ce qu'est le bien commun et sur ce que nous sommes. Nous ne sommes

1. Corine Pelluchon, *Manifeste animaliste. Politiser la cause animale*, Alma, 2017.

pas seuls au monde, et même si nous sommes différents des animaux, nous avons des obligations à leur égard. La question animale pose des problèmes de justice: il n'est pas juste de faire comme s'ils n'étaient là que pour nous servir. En outre, nous les détenons souvent dans des conditions qui génèrent chez eux des souffrances inimaginables. Notre poids démographique et notre modèle de développement, mais aussi l'augmentation de la consommation de produits animaliers aggravent la situation, car ils contribuent à généraliser l'élevage industriel sur toute la planète. C'est pourquoi la question animale doit s'intégrer à une théorie *globale* du politique; elle n'est pas un îlot éthique ne concernant que les animaux et celles et ceux qui les aiment. Aussi, cette question, qui est éminemment transversale, ne peut être traitée de manière atomiste, ce qui peut être le risque si l'on a un secrétaire d'État qui n'a pas de poids et ne peut agir auprès des ministères en charge des différents domaines impliquant les animaux (presque tous les domaines le sont, en fait). Nos rapports aux animaux reflètent aussi ce que nous sommes, ce à quoi nous tenons et les limites que nous assignons (ou pas) à notre pouvoir sur eux. La question animale est inséparable du type de société dans lequel nous voulons vivre. C'est donc une définition substantielle du politique qui est en jeu ici.

JPD – Je rejoins Corine Pelluchon sur les conclusions: je ne suis pas d'accord avec la création d'un secrétariat d'État – mais pour d'autres raisons qu'elle.

AF – Corine Pelluchon souhaiterait presque un ministère...

JPD – Je crois qu'un secrétariat d'État ou un ministère ne réglerait pas les problèmes qui se posent, alors que, par ailleurs, on ne cesse de se plaindre des gouvernements pléthoriques. Je crois surtout qu'il y a des problèmes plus urgents et plus importants que celui-là à traiter, ne serait-ce que par des secrétaires d'État. J'en viens à la deuxième partie de votre question: faut-il politiser la cause animale? Si par « politiser » on entend « légiférer » – pourquoi pas? Mais il faut rappeler que les animaux ont déjà un statut juridique, qui a été renforcé par l'amendement Glavany du Code civil adopté en janvier 2015. Ils forment désormais, en tant qu'« êtres doués de sensibilité », une catégorie particulière de biens, puisque le Code civil, dans sa rédaction précédente, distinguait des personnes et des biens, et que les animaux n'étant pas des personnes étaient donc des biens – des « biens meubles » précisait même le Code civil –, ce que les « amis des animaux » critiquaient ainsi, non sans mauvaise foi : « On traite les animaux comme des chaises et des tabourets. » En vérité il s'agissait de biens désignés comme meubles par opposition aux biens immeubles, puisque les animaux peuvent se déplacer ou être déplacés. Bien avant cet amendement, déjà, la caractéristique d'êtres sensibles était reconnue aux animaux dans le Code rural. Dans le Code pénal, on trouve aussi de nombreuses dispositions pour protéger les animaux des mauvais traitements dont ils pourraient être l'objet, et cela est très ancien. La première loi de pénalisation des mauvais traitements animaux est la loi Grammont, qui date de 1850, et est contemporaine de la création de la Société protectrice des animaux. Il y a une troisième partie dans votre question : encore faut-il s'entendre sur ce qu'est la « cause animale ». C'est cela, finalement, le cœur du sujet. S'il s'agit d'améliorer la condition de certains animaux, je l'ai dit : il y a des problèmes, il faut les régler, mais ils ne sont peut-être pas toujours là où l'on pense. Pour avoir beaucoup étudié les différentes catégories d'animaux, je pense que parmi les plus maltraités il y a les animaux de compagnie, car ce sont ceux dont on respecte le moins la nature. Prendre un animal pour un substitut d'enfant ou de conjoint, c'est le traiter pour ce qu'il n'est pas, c'est donc le mal-traiter. Si, en revanche, il faut, comme le réclament certains dont Corine Pelluchon, abolir tout élevage et toute utilisation d'animaux, je pense que l'on sort là du domaine du raisonnable…

AF – Nous verrons s'il faut aller jusque-là. Mais vous dites, Jean-Pierre Digard, qu'il y a des problèmes plus urgents à traiter. Les conditions actuelles de l'élevage industriel (terme que récuse Jocelyne Porcher qui parle, elle, de « production animale »), avec des phénomènes comme des porcheries-usines ou des fermes de mille ou dix mille vaches, ne méritent-elles pas d'être prises en compte, étant donné l'évolution de notre modèle économique, le triomphe de la technoscience, et ne revêtent-elles pas un caractère d'urgence absolue ?

JPD – Vous avez raison de poser la question, mais elle est très compliquée. Effectivement, certaines formes d'élevage « industriel » entraînent des réductions d'espace et d'autres inconvénients. Les animaux, comme ceux qui s'en occupent, sont soumis à une pression productiviste qui crée du stress chez les uns et les autres. Mais l'on doit gérer l'élevage dans un monde dont la population augmente mais où la surface agricole et la main-d'œuvre agricole se réduisent, et je ne vois pas comment on peut échapper, non pas à l'industrialisation de l'élevage, mais à son intensification – à une certaine intensification, pourvu qu'elle soit respectueuse de la nature des animaux. C'est là, peut-être, qu'il y a des choses à faire, des solutions à trouver, et matière à légiférer.

CP – Cette question est très importante : nous sommes 7 milliards et demi et le système de production de la viande exige que l'on réduise toujours les coûts de revient, au mépris du respect des animaux et au mépris des conditions de travail des éleveurs. Dans la mesure où ce système génère des contre-productivités environnementales et sociales, il ne faut pas le maintenir. On doit essayer d'en sortir, parce qu'à l'échelle de 7 milliards et demi d'hommes sur Terre, il conduira à l'effondrement : si tout le monde consomme quotidiennement des produits animaliers, on aura non seulement une intensification de ce système déjà très intensif, mais aussi un épuisement total des ressources en eau et des terres et des famines. Ce modèle de production et cette consommation immodérée de produits animaliers sont insoutenables sur le plan écologique, sanitaire et social. On est dans une impasse totale, et la question animale est stratégique car elle met en lumière un modèle de développement fondé sur l'exploitation sans limites des vivants. Ce modèle s'explique historiquement. Nous n'avons pas alors voulu mesurer toutes les conséquences qu'il entraînerait. Le contexte actuel change le problème de nos rapports aux animaux, en particulier de l'élevage. On n'en est même pas à s'opposer entre vegan et non-vegan, car il s'agit de penser la sortie d'un modèle de développement essoufflé et déshumanisant. Ce dernier nous fait honte, en raison des souffrances qu'il impose aux animaux, de la destruction des ressources qu'il implique et du fait que le travail perd de son sens. On parle de fermes des mille vaches, mais en fait, dans certains pays, il y a des fermes de quinze mille vaches. On va toujours plus loin dans l'aberration. Les animaux sont détenus dans des conditions de vie qui relèvent d'une sorte de torture, et les humains qui travaillent dans ces élevages sont obligés d'accepter cela, même si, au fond d'eux, la plupart en souffrent.

AF – Au lendemain du procès que des associations avaient intenté à la Ferme des mille vaches en s'appuyant sur cet article du Code rural qui définit les animaux comme des êtres sensibles, et qui impose à leurs propriétaires de les placer dans des conditions compatibles avec les impératifs biologiques de leur espèce, je suis moi-même allé voir un paysan. Il m'a fait assister à un phénomène annuel tout à fait extraordinaire, qu'il appelle lui-même la danse des vaches : elles sortent de l'étable, et elles sont tellement heureuses de voir les prés qu'elles gambadent comme de grosses petites filles. Cela montre bien que les priver du soleil, du plancher des vaches, de l'herbe et de la terre, c'est les plonger dans un chagrin inconsolable, que la notion de bien-être ne peut pas elle-même mesurer. Cette question-là, d'une vie bonne pour les vaches, est-elle quantifiable ? C'est aussi ce que se demande Jocelyne Porcher. En tout cas, le contraste entre la Ferme des mille vaches et la danse des vaches est très fort. Ne devons-nous pas être conduits, sinon à créer un secrétariat d'État à la condition animale, du moins à changer les choses, parce que nous n'avons pas sur les vaches un droit absolument illimité ? Quelque chose comme une vie bonne pour elles nous incombe aussi, à nous autres humains.

JPD – J'ai été frappé d'entendre, dans ce que vous venez de dire, des mots comme « les vaches sont *heureuses* de sortir », « quand elles ne sortent pas elles ont du *chagrin* »... Qu'en savez-vous ?

AF – Pourquoi gambadent-elles alors ?

JPD – Gambadent-elles toujours ? Et si elles « gambadent », c'est peut-être parce qu'elles sont surprises de retrouver quelque chose dont elles ont été privées pendant plusieurs mois...

CP – Mais quand on parle de la privation d'espace, par exemple, dans les élevages de poules en batterie, on n'est pas dans l'anthropomorphisme, car il y a des signes attestant de leur souffrance et leur folie : elles se mutilent et perdent leurs plumes, se battent, etc.

JPD – Vous répondez toujours par des contre-exemples extrêmes. Effectivement, quand on réduit l'espace d'animaux au point qu'elles se béquettent les unes les autres ou que les cochons se mangent la queue, c'est inacceptable. Mais j'ai rencontré des vétérinaires et des éthologues qui sont allés expertiser cette Ferme des mille vaches (dans laquelle il n'y a que 850 vaches pour l'instant), et ils n'ont décelé dans le comportement de ces vaches absolument aucun signe d'énervement, d'agacement, d'agitation, pas de meuglements, donc un calme total. Il paraît que dans ces fermes collectives, quand on ouvre les portes, les vaches sortent, font un tour, puis reviennent. Quand elles sont bien traitées, qu'elles ont la litière qui leur convient, et que, quand elles ont mal au pis, elles n'ont qu'à aller vers le robot pour être traites ; et que leur ration tombe régulièrement : il semblerait (encore une fois je ne peux pas parler à la place des vaches) que cela leur convienne. Les animaux sont, comme les humains, partisans du moindre effort. C'est d'ailleurs un des ressorts de la domestication qui a eu lieu il y a une dizaine de millénaires, à laquelle les animaux ont sans doute trouvé un intérêt.

AF – Ne pensez-vous pas que la domestication a franchi un pas avec la zootechnie ? La domestication, quand elle permet à l'animal d'avoir accès à ce qui lui appartient – le sol, l'herbe, le soleil et la pluie, le chant des oiseaux, le vent, la neige, tout un monde de sensations et d'expériences qui font qu'un individu existe –, c'est tout autre chose que l'enfermement dans des fermes qui sont en fait des usines. Qu'il s'agisse des grandes porcheries ou des fermes de mille vaches. On se pose la question: de quel droit faisons-nous subir cela aux animaux? Quand je parle de leur souffrance et que vous me répondez « qu'en savez-vous ? », Jean-Pierre Digard, j'ai le sentiment que l'on est renvoyés à des discussions qui avaient déjà lieu au XVIIe siècle avec d'un côté les cartésiens, lesquels étaient plus cartésiens que Descartes d'ailleurs, comme Malebranche qui, donnant un coup de pied dans le ventre d'une chienne pleine, pouvait dire à son interlocuteur offusqué Fontenelle: « Ne savez-vous donc pas que cela ne sent point ? » et de l'autre, La Fontaine qui répondait: « J'attribuerai à l'animal non point une raison selon notre manière mais beaucoup plus aussi qu'un aveugle ressort. » Ne faut-il pas aujourd'hui prendre le parti de La Fontaine contre Malebranche? N'y a-t-il pas une certaine cruauté à refuser par exemple aux vaches ce que l'élevage domestique leur a toujours accordé, à savoir le pâturage?

JPD – Il peut y avoir des excès, des actes de cruauté, qu'il faut réprimer, supprimer, mais on raisonne beaucoup trop en anthropomorphisant les animaux. C'est-à-dire que l'on s'imagine soi-même vivant dans ces usines, comme cette Ferme des mille vaches, dans des porcheries ou des poulaillers hors-sol, et l'on se dit: « Quelle existence épouvantable cela doit être ! » La vérité se situe dans l'entre-deux. Ni dans l'excès intensif, ni dans le retour des vaches au tout-pâturage – qui poserait des tas de problèmes, y compris sanitaires. Retourner à l'élevage extensif et mettre des animaux domestiques en contact direct avec la faune sauvage, cela aurait de graves conséquences épidémiologiques – voir l'épidémie de grippe aviaire catastrophique qui s'étend sur l'Europe, à commencer par le sud-ouest de la France où les volailles domestiques sont contaminées par les oiseaux migrateurs. C'est donc un phénomène très complexe, et il me semble que l'on ne peut pas y réfléchir uniquement en termes de morale et d'éthique.

CP – C'est même pour cela que l'on peut et que l'on doit passer au plan politique et trouver les moyens d'avancer, en tenant compte des différents acteurs, mais en sortant aussi du statu quo, pour qu'au moins la condition des animaux s'améliore. Par ailleurs, de plus en plus de personnes ouvrent les yeux sur la souffrance animale; elles sont conscientes de l'intensité de leur souffrance et du nombre de vies anéanties. Elles sont concernées par le sort de ces êtres qui sont exploités du début à la fin de leur vie, et pas seulement pour l'alimentation. Je pense ici à la fourrure, interdite dans certains pays d'Europe, ou à la captivité des animaux sauvages dans les cirques et les delphinariums. Pour qu'un éléphant se mette sur un tabouret, il faut le briser psychiquement, parce qu'il ne se mettrait pas tout seul dans cette position qui ne convient pas à sa physiologie! On impose aux animaux sauvages une vie diminuée: ils sont transportés dans de petites cages tout au long de leur vie et n'ont pas assez d'espace, doivent supporter le bruit, les lumières, la promiscuité avec d'autres animaux en cage, etc. Il est impossible que des cétacés, des fauves ou des éléphants puissent s'épanouir dans ces conditions-là. Ils souffrent souvent de stéréotypies, c'est-à-dire qu'ils répètent des gestes dénués de sens qui attestent de leur détresse. Parmi les jeunes mais aussi les moins jeunes, beaucoup se sentent aujourd'hui profondément concernés par ce qui arrive aux animaux et par ce que nous, humains, leur faisons. Si l'on se situe sur le plan politique, on ne va pas demander l'abolition de toutes les pratiques du jour au lendemain, puisque l'on est dans une société pluraliste et que pour l'instant tout le monde n'est pas d'accord avec moi pour mettre fin à l'exploitation animale. Cependant, on peut faire évoluer les choses. Il y a un mouvement social et philosophique fort, qui ne se réduit pas à l'apologie du mode de vie vegan, mais témoigne de la prise de conscience de notre responsabilité envers les animaux et de notre honte commune: de plus en plus de personnes ne supportent plus les souffrances que nous leur faisons subir et qui sont, dans la majorité des cas, inutiles. Beaucoup d'individus, quels que soient leurs styles de vie, ne veulent plus vivre dans une société qui impose cela à d'autres êtres sensibles qui sont différents de nous mais dont la vie est aussi importante pour eux que la nôtre l'est pour nous.

AF – Jean-Pierre Digard, vous disiez que tout ne doit pas se réduire à une question de morale, mais entre la morale et la politique, il y a le droit. Le droit pose des limites. Nous sommes confrontés à la différence entre les deux significations du mot « pouvoir ». En anglais il y a deux verbes : *I may* (ce que je me permets) et *I can* (tout ce que je peux faire), et avec la technique triomphante, la possibilité vaut permission. Je peux tout ce que je peux, en quelque sorte. Or le droit nous dit non. Ne serait-il pas nécessaire que le droit intervienne pour préserver (j'en reviens à ce manifeste) un lien avec les animaux ? Parce que si les vaches et les cochons sont enfermés dans des usines, je considère que cela provoque une souffrance, un stress, et en effet je revendique le mot de *chagrin*, mais cela nous prive aussi de tout lien avec eux. Ils disparaissent de notre environnement. Cela, c'est quand même une décision terrible. Ne nous revient-il pas, justement, de poser à nouveau les conditions d'une vie avec les animaux ? Peut-être l'homme est-il le roi de la Création, mais il serait vraiment dommage qu'il se retrouve seul sur la Terre et qu'il ne rencontre jamais que ses propres produits.

JPD – Vous avez évoqué deux points : le droit limite déjà nos actions envers les animaux, et sans doute faut-il faire plus et mieux, j'en conviens. Je suis bien plus sensible à ce que vous évoquez quand vous dites que certaines formes d'élevage (et c'est un peu l'argument que développe Jocelyne Porcher) nous éloignent des animaux. Des éleveurs qui vivent quotidiennement avec leurs troupeaux n'ont pas du tout le même rapport avec les animaux qu'un ouvrier qui travaille dans une porcherie à grande échelle. Et en effet, là, il y a une perte. Mais ce qui me préoccupe dans le combat animaliste, c'est l'objectif ultime d'abolition de tout élevage, de toute utilisation des animaux, et d'une séparation radicale d'avec eux. Or ce lien, vieux de dix millénaires, entre l'homme et les animaux, domestiques notamment, a été l'une des conditions du processus de l'hominisation, et il est très précieux, porteur et créateur de richesses intellectuelles et cognitives. Je rejoins Jocelyne Porcher sur ce point. Enfin, je suis un peu agacé par la stratégie des animalistes qui se fondent sur un certain nombre de biais d'analyse, pour employer la langue de bois scientifique – si je voulais employer un mot plus compréhensible pour tout le monde, au risque de paraître désagréable, je parlerais de supercheries. Cela consiste premièrement à tout noircir, à dramatiser, à voir dans les éleveurs et les utilisateurs des bourreaux d'animaux, à prendre des cas isolés et à les présenter comme courants, voire généraux. Je pense notamment à cette affaire des abattoirs, qui a montré des images en effet révoltantes ; mais il faut savoir que ces caméras cachées par L214 ont trouvé des images après des mois et des mois de planque. Cela ne se passe pas comme cela en réalité. On peut juger que la notion même d'abattoir est une horreur. Il n'empêche que, pour l'instant, l'homme consomme encore de la viande – même si c'est un peu moins le cas en Occident.

AF – Vous dites, en somme, que l'on prend des cas isolés pour en faire des exemples.

JPD – Oui. Ma deuxième réserve, pour aller au fond du problème, c'est que l'on accorde une place très importante aux éthologues qui affectent de découvrir chez des animaux des facultés insoupçonnées qui tendraient à supprimer la barrière entre les hommes et les animaux. Cela aussi, c'est une simplification, une caricature, car entre le plus évolué des primates et l'homme, il y a tout de même un hiatus cognitif énorme, qui est dû à au moins 5 millions d'années d'évolution séparée de l'espèce humaine.

AF – Nous entrons dans une question philosophique très importante qui est celle du spécisme. L'antispécisme, c'est le refus d'accorder à l'homme une supériorité sur les autres espèces, c'est dire que l'homme est une espèce parmi d'autres, et que si l'homme l'oublie, il tend à rejeter les autres animaux comme on peut rejeter certaines races ou certaines cultures. Le mot *spécisme* est calqué sur celui de *racisme*.

CP – Il y a tout de même une précision à faire : l'antispécisme signifie que le fait de ne pas prendre en considération les intérêts des animaux est injuste. Toutefois, l'égalité de prise en considération des intérêts des humains et des animaux n'implique pas l'égalité de traitement, c'est-à-dire qu'elle n'efface pas les différences entre humains et animaux ni les différences existant à l'intérieur du monde animal. On sait que celui qui a repris ce terme forgé en 1971, à savoir Peter Singer, a réinstallé, à la faveur de sa définition de la sentience comme capacité à souffrir, une hiérarchie entre les espèces. Mais, fondamentalement, il faut faire attention à ne pas commettre de contresens. C'est pour cela que, dans le *Manifeste,* j'ai fait un glossaire avec la définition d'une vingtaine de notions importantes. L'antispécisme, ou le non-spécisme, terme que je préfère, ne met pas tout au même niveau. Vous condamnez certains excès théoriques et pratiques des animalistes, mais je voudrais introduire ici de la nuance, afin de montrer que l'on peut être non spéciste tout en étant humaniste. Bien plus, la volonté de promouvoir un monde où l'on prend en compte les intérêts des humains et ceux des animaux ne conduit pas à effacer la différence ou les différences entre eux et nous, mais elle souligne, au contraire, notre surcroît de responsabilité envers les autres vivants.

AF – On se fourvoie, à mon avis, en parlant d'antispécisme, Corine Pelluchon, car c'est précisément en raison de ce qui distingue les hommes des autres espèces que l'on peut exiger d'eux qu'ils se préoccupent du sort de celles-ci. Élisabeth de Fontenay ne dit pas autre chose : « Ce n'est pas de l'animal humain que l'on peut attendre qu'il assume une responsabilité envers les animaux. Le lion ne sera jamais responsable de l'antilope. L'homme peut être en tant qu'homme, en tant qu'espèce, responsable de l'une et de l'autre[1]. » Nous avons besoin d'une nouvelle définition du spécisme aujourd'hui, et non d'un antispécisme mettant à égalité toutes les espèces.

CP – Mais, quand on lit les textes des principaux représentants de l'éthique animale, on voit que l'antispécisme ne suppose pas que l'on mette à égalité toutes les espèces. De toute façon, il n'est pas question ici d'un nouveau spécisme,

1. Elisabeth de Fontenay, *Les animaux aussi ont des droits*, en collaboration avec Boris Cyrulnik et Peter Singer, Seuil, 2013.

mais d'un nouvel humanisme, c'est-à-dire d'un humanisme où l'être humain prend conscience de ses responsabilités à l'égard des autres êtres, dont la vie lui a été confiée et qui sont à sa merci. Je voudrais revenir sur un point. Vous avez parlé de la fin de l'exploitation animale, horizon effectivement souhaité par les personnes qui luttent contre le spécisme. Toutefois, il y a une différence entre exploitation et utilisation. Un chien de berger et même un chien d'aveugle peuvent être utilisés, s'ils ont été élevés sans violence, si l'on respecte leurs besoins, notamment leur besoin de repos, et si l'on ne les épuise pas. Dans « exploitation », il y a domination. Celle-ci désigne le fait d'utiliser un être comme une simple ressource, sans respecter sa sensibilité, sans voir que son existence nous oblige. La domination signifie aussi que je ne reconnais pas de limites à mon bon droit et que je peux briser un animal pour faire du spectacle. Sue Donaldson et Will Kymlicka, dans *Zoopolis. Une théorie politique des droits des animaux*[1], ne condamnent pas (contrairement à Gary Francione) l'utilisation des animaux, mais leur exploitation et leur domination. Cette notion de domination est très importante. Si la question animale s'invite dans les débats, si elle prend de la place dans le cœur des individus, c'est aussi parce que nous cherchons à promouvoir un rapport aux autres, humains et non humains, qui ne passe pas par la domination. Encore une fois, la cause animale a un caractère stratégique : le projet auquel elle est liée est un projet de société ; elle a un enjeu civilisationnel. Il ne s'agit pas seulement de dénoncer la maltraitance animale, mais de prendre aussi la mesure des aberrations dont certaines pratiques témoignent, de corriger le tir, et de promouvoir un monde plus juste pour les humains et les non-humains.

JPD – Corine Pelluchon, vous êtes une animaliste d'élite ! Mais votre point de vue n'est pas partagé par la masse des animalistes. En effet, pour l'animaliste de base, l'antispécisme a tendance à se transformer en un spécisme

1. Will Kymlicka et Sue Donaldson, *Zoopolis. Une théorie politique des droits des animaux*, *op. cit.*

antihumain[1] ! On charge l'homme de tous les péchés, on voit en lui un bourreau d'animaux, alors que l'on reconnaît le droit aux lions de manger des gazelles, aux crocodiles d'attaquer les buffles quand ils viennent boire, etc., et ainsi de suite pour toutes les espèces. L'espèce humaine serait donc la seule à laquelle on interdirait d'assumer sa nature d'omnivore, de dominateur, d'exploiteur de la planète, etc. Je viens d'employer un gros mot : dominateur. Vous avez fait aussi une sorte d'équivalence entre la domination et la violence. Cela n'est pas acceptable. Sauf à être un imbécile ou alors un éleveur dans une profonde détresse psychologique ou économique, on sait que l'on n'obtient rien des animaux par la violence. Le dressage des chevaux a même été reconnu au patrimoine culturel immatériel de l'Unesco, sous la forme de l'équitation de tradition française – équitation de légèreté, dont la règle d'or est d'obtenir le maximum d'effets par un minimum d'action : sans que l'on voie les jambes ni les mains de l'écuyer bouger, le cheval doit accomplir des prouesses. Il n'y a aucune violence là-dedans, mais il y a évidemment de la domination.

AF – Sur toutes ces distinctions, Corine Pelluchon, j'aurai une question grave à vous poser. Je m'inscris cette fois-ci dans le sillage de Jean-Pierre Digard. Vous avez pour horizon la fin de l'exploitation animale. L'association L214 intente un procès à la Ferme des mille vaches mais refuse que l'on se réfère à la tradition ancestrale du pâturage, parce que, dit-elle, cette tradition est déjà de la domination. Elle ne fait même pas de distinction entre la zootechnie et la domestication immémoriale. Quand on y réfléchit, avec le courant vegan, les nouvelles nourritures, les viandes factices... l'horizon de certains animalistes – qui, disent-ils, se préoccupent du sort des animaux domestiques et veulent en finir avec la domestication –, c'est la disparition, l'extinction des espèces. Parce que s'il n'y a plus de vaches à viande, ni non plus de vaches laitières privées de leurs veaux pour devenir telles, on n'aura plus de vaches. Elles ne vont pas se promener sur les

1. Jean-Pierre Digard, *L'animalisme est un anti-humanisme,* CNRS Éditions, 2018.

trottoirs de nos villes. Je suis particulièrement indigné par les porcheries industrielles, mais s'il n'y a pas d'alternatives fermières aux porcheries industrielles, il n'y aura plus de cochons. On n'en fera pas des animaux domestiques, même si c'est théoriquement possible, étant donné la grande intelligence des cochons. De même les moutons, de même les chèvres. Vous parlez d'une sensibilité des jeunes, mais c'est une sensibilité urbaine de gens que la paysannerie en vérité dégoûte, et qui aspirent à une humanité absolument délivrée de tout ce qui n'est pas elle, mis à part certains animaux sauvages, car ceux-ci auront peut-être le droit d'exister, n'ayant jamais été domestiqués par les hommes – les vautours, les loups éventuellement, les ours, mais rien d'autre. Une libération animale qui débouche sur l'extinction de toutes les espèces animales, je dois dire personnellement que cela me terrifie.

CP – Il est vrai que vous pointez la difficulté majeure de la doctrine de la fin de l'exploitation animale. Avant de vous répondre, je voudrais insister sur le fait que, quand on politise la cause animale, ce qui est mon cas, on fait un effort pour tracer des lignes d'accords sur fond de désaccords. Il importe de voir ce qui pourrait avoir un sens aujourd'hui, dans le contexte actuel, et il ne faut pas se focaliser seulement sur l'alimentation et l'élevage. Ces derniers posent des problèmes spécifiques qui exigent une stratégie particulière, qui est différente, par exemple, du traitement que l'on peut réserver à la corrida, à la chasse à courre, etc. Je reconnais que les gens ne sont majoritairement pas prêts aujourd'hui à mettre fin à l'élevage, c'est-à-dire à renoncer tout de suite aux produits animaliers et à voir disparaître les espèces qui ont été sélectionnées au cours de l'histoire. Je propose dans un premier temps un volontarisme politique pour qu'il y ait un passage progressif de l'élevage intensif à l'élevage extensif et des aides logistiques et financières permettant aux éleveurs de faire ces aménagements et de vivre de leur travail. C'est cela la reconversion.

AF – Mais pourquoi dans un premier temps ? Quel serait le deuxième temps ?

CP – Parce que je pense qu'à 7 milliards et demi d'individus, la Ferme des mille vaches sera dépassée. Quand je suis née, les humains n'étaient que 3 milliards et demi. Ils sont aujourd'hui 7 milliards et demi. À la demande quotidienne, même sobre à l'échelle de l'individu, de produits animaliers, on ne peut répondre que par l'intensification de l'élevage industriel ; quand ce mode de vie est généralisé et que nous sommes aussi nombreux, même manger de la viande et des produits animaliers une seule fois par jour exige de recourir à l'élevage intensif et de construire des fermes-usines. En raison du réchauffement climatique, qui est un vrai sujet, les individus doivent réduire progressivement leur consommation de produits animaliers. Cependant, cela ne se décrète pas. Cela suppose des innovations dans l'alimentation ; il faut que les personnes soient éduquées à manger autrement, qu'il devienne facile pour elles de remplacer les protéines animales par des protéines végétales, de s'habiller sans utiliser du cuir, etc. Les innovations et l'éducation sont fondamentales si l'on veut que la condition animale progresse et que l'humanité réduise son empreinte écologique.

AF – Réduire, bien sûr. Mais cela ne pourrait-il pas aller de pair avec la désindustrialisation de l'élevage, voire de l'abattage ? N'est-ce pas cet horizon-là qu'il faut se fixer, dès lors que l'on aime les animaux ? Ou alors on décide que l'on les aime tellement que l'on ne veut plus les voir.

CP – Il est très difficile de parler de cela en très peu de temps. Je propose une réflexion politique, qui concerne tout le monde, et une stratégie, qui exprime la volonté de trouver des pistes permettant de sortir d'un système carcéral. La question que vous posez concerne chacun de nous et chacun doit y répondre avec sa conscience. Il s'agit de savoir si la mise à mort d'un animal qui veut vivre va de soi : suis-je autorisé, pour me nourrir, à faire couler le sang des bêtes quand j'ai accès à d'autres manières de m'alimenter ? Les membres de L214 et des personnes comme moi considérons que, du point de vue éthique, tuer un animal pour se nourrir quand on peut faire autrement ne va pas de soi, et que l'élevage qui, aujourd'hui, fait naître des animaux pour les tuer à un âge souvent très précoce et dans des conditions difficiles, pose un problème moral et même un problème de justice.

AF – Ce qui est problématique aussi, ce sont les vaches laitières. Donc tout est problématique. Pour ne pas les faire mourir, on ne va pas les faire naître...

CP – Il est certain que l'on en fera naître beaucoup moins. On trouvera aussi les moyens de cohabiter autrement avec les animaux. Ne négligeons pas cette dimension essentielle de l'histoire, à savoir l'imprévisibilité. Nous ne pouvons pas savoir comment l'humanité va évoluer avec le réchauffement climatique et les problèmes de tous ordres qu'il entraînera. Il faut aussi croire en la capacité des humains à innover pour créer des alternatives à l'expérimentation animale, aux textiles et fibres d'origine animale, au cuir, à la laine, pour manger autrement. Par ailleurs, il en existe déjà dans tous ces domaines, mais peu de personnes y ont recours et on n'en parle pas assez. La cause animale est déjà entrée dans les débats de société, mais on ne va pas décréter la fin de l'élevage du jour au lendemain. L'idée est de faire les changements nécessaires qui inscrivent la cause animale dans la transition écologique. Même pour des gens comme moi, l'objectif principal aujourd'hui est de faire en sorte que la condition des animaux s'améliore ici et maintenant. Or on n'en prend pas encore le chemin et les choses s'aggravent.

AF – Que la condition des animaux s'améliore dans un premier temps, et que dans un deuxième temps il n'y en ait plus.

CP – Peut-être les humains seront-ils habitués à manger moins de viande, peut-être auront-ils du plaisir à consommer sans utiliser des produits animaliers. Il y a aussi le poids démographique, qui change totalement la donne. Ni vous ni moi ne pouvons savoir ce qui arrivera. Ce que je sais, c'est que les animaux sont non seulement capables d'éprouver le plaisir et la douleur, mais qu'ils sont également des « soi » vulnérables ; ils vivent leur vie à la première personne et sont individués, même s'ils n'ont pas de philosophie de la vie et qu'ils ne sont pas des citoyens, au sens où ils ne se pensent pas comme appartenant à une communauté politique. Or si l'on veut faire un effort pour promouvoir une société qui soit moins violente, plus juste envers eux et envers les humains, alors non seulement l'on ne peut pas être tyrannique et décréter la fin de l'élevage en mettant les gens au chômage, mais, de plus, l'on doit avoir une stratégie à court terme et à long terme. Cette stratégie implique de penser les conditions permettant aux personnes exploitant les animaux de se reconvertir, et aux autres de consommer moins de produits animaliers. J'espère qu'un jour d'autres individus nous emboîteront le pas et feront qu'il sera possible de mener sa vie en faisant le moins de mal possible aux animaux, voire sans les exploiter du tout.

AF – Ce que je sais, c'est que j'aime énormément les vaches, et ce que je sais aussi, c'est que L214 et tous les véganistes qui s'enchantent de leur supériorité morale ne les aiment pas. Ils n'aiment pas les paysans non plus. Ils veulent un monde absolument propre, une humanité qui ne serait plus carnivore, qui ne consommerait plus de lait, et d'où les animaux qui nous ont accompagnés pendant des millénaires auraient complètement disparu. Je ne m'y résigne pas, pour des raisons éthiques, et politiques aussi – parce que politiser la condition animale, c'est aménager notre rapport avec les animaux, et non pas les faire disparaître.

JPD – Je suis d'accord avec vous. Je crois que non seulement ils ne les connaissent pas, mais ils ne les aiment pas non plus, sinon ils ne réclameraient pas la « libération » d'animaux dont le sort est, depuis des millénaires, lié à celui des humains !

CP – Cela dépend lesquels.

JPD – Oui, il y a les bons et les mauvais animalistes ! Combien parlent de l'animal au singulier par exemple ? Mais il y a un autre exemple de ce que j'ai appelé, pour être désagréable, des « supercheries » : faire croire que, lorsqu'on aura « rendu justice » aux animaux, tous les problèmes des humains seront réglés. C'est du moins ce que je crois avoir compris à la lecture de votre livre.

CP – Je ne pense pas avoir écrit cela.

JPD – Je schématise, mais vous y dites que quand on traite mal les animaux, on traite forcément mal les humains.

AF – Peut-être pas, Jean-Pierre Digard. Mais traiter mal des animaux qui sont à notre merci, n'est-ce pas en soi le signe d'une débâcle morale ?

JPD – On a des exemples historiques étudiés et documentés de régimes, de sociétés, de cultures, en des dates précises, qui traitaient fort bien les animaux et qui maltraitaient les hommes. Il n'y a donc pas d'équivalence. L'exemple le plus connu étant l'Allemagne nazie : aucun régime politique au monde n'a donné de statut aussi favorable aux animaux que l'Allemagne nazie – vous connaissez la suite.

CP – Sauf que les animaux domestiques des juifs étaient considérés comme dégénérés, comme le rappelle très bien Victor Klemperer dans *La Langue du IIIe Reich*[1]. Votre argument a donc des limites.

JPD – C'est une supercherie de lier le sort des humains à celui des animaux, cela ne fonctionne pas ainsi. Je voudrais ajouter un dernier point. Une quatrième supercherie tente de faire passer ce mouvement animaliste pour un mouvement de masse…

CP – Je n'ai jamais dit cela. J'ai dit que c'était un mouvement social, philosophique, auquel il s'agit de donner de la profondeur. Vous déformez mes propos, mais ce n'est pas grave, c'est le jeu. J'ai essayé de donner une profondeur à un mouvement qui ne se réduit pas, encore une fois, à l'apologie du mode de vie vegan, parce que la question animale est une

1. Victor Klemperer, *LTI, la langue du IIIe Reich. Carnets d'un philologue*, Albin Michel, 2003.

question stratégique et universelle. Elle est importante en raison du sort réservé aux animaux, un sort qui vous intéresse et qui m'intéresse profondément, mais elle est aussi un coup de projecteur sur ce que nous faisons à d'autres êtres qui dépendent souvent de nous et subissent les impacts de nos modes de production et de consommation. Cette question est aussi solidaire de la critique de l'organisation actuelle du travail. Les personnes qui travaillent dans les abattoirs, par exemple, ont un quotidien très difficile. On leur délègue la tâche de tuer des animaux qui veulent vivre, pour un salaire très bas, et ils sont brisés physiquement et psychiquement. Ils souffrent de problèmes articulaires, font des cauchemars ou doivent s'insensibiliser pour supporter ce qu'ils font. On jette un voile pudique sur cette question. Ce que je propose, c'est de faire en sorte que l'on travaille avec les différents acteurs impliqués dans l'exploitation animale, car il n'y aura pas d'amélioration substantielle de la condition animale si l'on ne dialogue pas avec tous les acteurs. Il s'agit de faire en sorte que les personnes qui exploitent aujourd'hui les animaux trouvent leur place dans un monde plus humain et plus juste envers les animaux. Mais, encore une fois, je ne parle pas de supprimer tout de suite tout élevage.

AF – Votre côté « tout de suite » m'inquiète énormément.

CP – C'est un horizon.

AF – Non ! Ce n'est pas un horizon, c'est un cauchemar.

CP – Ce qui est important aujourd'hui, c'est qu'il y ait une amélioration substantielle de la condition animale. Pour cela, il faut trouver un consensus, ou plutôt le construire, et ce n'est pas facile. Il n'y aura pas d'amélioration de la condition animale si l'on ne s'interroge pas de manière démocratique sur ce que l'on peut faire pour avancer concrètement sur ce sujet et trouver des accords. Ces derniers peuvent concerner les mesures permettant la reconversion des dresseurs et des salariés des élevages industriels, mais il est aussi question de la suppression immédiate de certaines pratiques jugées inutiles et répréhensibles par une grande partie de la population.

Enfin, il faut encourager les innovations et accompagner les changements de consommation. Si j'ai écrit le *Manifeste*, c'est aussi parce que je trouvais, en effet, que certains animalistes sont parfois dans la tyrannie du bien et ne font pas avancer la cause animale.

AF – Peut-être y a-t-il un travail philosophique à mener, pour maintenir et penser la distinction entre l'élevage fermier et la production animale. Qu'est-ce que la technique a fait à notre monde ? Un certain nombre de philosophes y ont déjà réfléchi.

Jean-Pierre Digard, vous avez parlé des nazis. Alors laissez-moi vous lire, avant de vous poser une question plus générale, un texte de Vassili Grossman. C'est le récit de son voyage en Arménie. Il évoque le profil des moutons, « profil humain, juif, arménien, secret, bête. » Et il ajoute : « Des millénaires durant, les bergers ont regardé les moutons. Les moutons ont regardé les bergers. Ils sont devenus semblables. Les yeux d'un mouton regardent l'homme d'une manière bien particulière. Ils sont aliénés, vitreux. C'est probablement avec des yeux pareillement dégoûtés et aliénés que les habitants du ghetto auraient considéré leurs geôliers gestapistes si le ghetto avait existé cinq mille ans durant, et que tous les jours de ces millénaires des gestapistes étaient venus chercher des vieilles femmes et des enfants pour les anéantir dans des chambres à gaz. Mon Dieu, combien de temps l'homme devra-t-il affronter le mouton, pour qu'il lui pardonne, pour qu'il ne le considère pas de cet œil-là ? Quel doux et fier mépris dans ce regard vitreux, quelle divine supériorité que celle de l'herbivore innocent sur les meurtriers auteurs de livres et créateurs d'ordinateurs[1]. » Nazifier les amis des bêtes, c'est faire l'impasse sur cette très profonde réflexion de Vassili Grossman. Mais j'ai une question plus générale. Vous dites dans un article du *Causeur*, Jean-Pierre Digard, que l'animalisme n'a cessé d'enfoncer de nouveaux coins dans l'humanisme hérité des Lumières. Or, la politisation de la cause animale a été mise en acte par des hommes

1. Vassili Grossman, *La paix soit avec vous. Notes de voyage en Arménie*, L'Âge d'Homme, 1989.

des Lumières, par des républicains, Michelet, Hugo, qui réclamaient que l'on élargît la cité afin d'y accueillir aussi les bêtes. Et c'est au nom de la République et de la démocratie qu'ils ont défendu avec acharnement, contre la droite catholique et conservatrice, le droit de nos frères inférieurs à ne pas souffrir pour rien. L'humanisme des Lumières, ce peut être aussi cela.

JPD – Oui. À ma connaissance le premier mouvement de défense des animaux a été les Amis des bêtes de l'an X, donc vraiment dans la foulée de la Révolution française. Il n'en reste pas moins qu'à travers cette phrase que vous avez rappelée, je visais ce dénigrement systématique de l'homme en faveur des animaux. Pendant les quarante ans de ma vie d'ethnologue, j'ai fréquenté des éleveurs en Europe, en Amérique du Sud, en Asie : je n'ai jamais rencontré de gens violents avec les animaux, de gens qui méprisaient les animaux ; au contraire, j'ai rencontré des gens qui connaissaient leurs animaux un à un, qui les traitaient bien ; je me souviens même, et c'est marquant, d'avoir vu un paysan savoyard pleurer en envoyant son cheval à la boucherie. Il ne pouvait pas faire autrement, mais il pleurait. Il ne faut pas méconnaître ce lien, qui est le résultat de millénaires d'histoire commune. Les éleveurs sont de grands connaisseurs, des gens qui aiment profondément les animaux. Les soupçonner du contraire est monstrueux !

AF – Vous dites que certains de ces éleveurs que vous avez rencontrés, Jean-Pierre Digard, connaissaient leurs bêtes une par une. Mais n'êtes-vous pas frappé par le fait que, pour des raisons de méthode et de productivité, les animaux n'aient plus de noms, mais des numéros ? Ce changement affecte aussi la vie des éleveurs, et d'une certaine manière l'appauvrit.

JPD – Certainement. Mais la marge de manœuvre est étroite : Corine Pelluchon a raison de dire que l'évolution démographique rend quasiment inévitable l'élevage de masse, et nous faisons la louange de l'élevage à l'ancienne, au risque de trop l'idéaliser.

AF – On peut imaginer une modernisation de l'élevage fermier.

JPD – Il y a une voie moyenne à trouver. Et j'espère vraiment que l'on la trouvera, parce que je fais partie de ces gens qui ont beaucoup fréquenté et même utilisé les animaux (j'ai été cavalier pendant quarante ans de ma vie), et la perspective que vous évoquiez comme un cauchemar, je la ressens exactement de la même manière. Il y a un juste milieu à trouver, mais ce n'est certainement pas en suivant la voie animaliste que l'on va y parvenir.

CP – Il ne faut pas caricaturer l'animalisme. Aujourd'hui, il est au cœur d'un humanisme rénové, parce que le sujet de cet humanisme pense son rapport aux autres vivants et sa responsabilité envers eux : c'est ce sujet responsable et relationnel qui sert de fondement à une théorie politique faisant de la prise en compte des intérêts des animaux une finalité du politique s'ajoutant à celles qui existent déjà, comme la sécurité entre nous et la réduction des inégalités iniques. Je crois que l'essentiel consiste à tracer dès maintenant un certain nombre d'accords, malgré tous les désaccords que nous avons, afin d'avancer concrètement dans les mois et les années qui viennent.

POUR CONCLURE

« En 1935, employé à Salamanque dans un élevage de taureaux de combat, Isidoro Alvarez avait l'habitude de s'approcher à cheval du taureau Civilon dans les pâturages et de lui offrir des branches de chêne avec leurs glands. Un jour, il se hasarda à descendre de cheval. Quelques semaines plus tard, Isidoro en était à caresser Civilon sous le menton. Tout cela paraissait si invraisemblable à un public averti que l'histoire fit le tour de l'Espagne.

En 1936, Civilon est la vedette d'une corrida à Barcelone et les arènes sont pleines : tout le monde veut savoir si le taureau sauvage a perdu sa bravoure et si Isidoro a donc réussi l'impossible : apprivoiser un taureau de combat. Or, à peine le torero Luis Gomez venait-il d'exécuter quelques véroniques à la cape que le taureau se rua sur le cheval du picador et en reçut deux piques. La démonstration était suffisante : le public demanda et obtint la grâce de Civilon. Le plus extraordinaire restait à venir : le bouvier Isidoro aurait-il autant de courage que le taureau ? L'imprésario de la course lui proposa deux mille pesetas s'il acceptait de descendre dans l'arène pour aller, une fois encore, au-devant de Civilon.

Affronter Civilon seul à seul dans la campagne, avec la possibilité de s'enfuir à cheval si le taureau se faisait menaçant, était une chose. Dans une arène où il ne se sentait pas en sécurité, sans cape ni muleta pour s'en protéger, c'était une autre affaire. Mais le bouvier avait besoin d'argent. La peur au ventre, il sauta la *barrera* avec pour seule arme une poignée de foin qu'il tendit au taureau. Dès qu'il eut reconnu la voix d'Isidoro, "l'animal vint se frotter à lui comme un gros chien", note le critique taurin français Claude Popelin.

Ému, l'éleveur racheta son taureau. Malheureusement, la guerre civile venait d'éclater, et Civilon fut abattu à coups de fusil par des miliciens dans les pâturages. "Son extrême noblesse l'avait sauvé, conclut Popelin, mais son poids de viande le perdit."[1] »

Marcel Cohen, *Faits III. Suite et fin*

---

1. Claude Popelin, *Le Taureau et son combat*, Plon, 1952.

LES AUTEURS

Hubert Charuel a travaillé dans le secteur de l'élevage laitier, avant de devenir réalisateur. Son premier long métrage, *Petit Paysan*, sorti en 2017, a reçu le César du meilleur premier film et le César du meilleur acteur.

Vincent Delargillière est éleveur laitier dans la petite région du pays de Bray. Passionné par le lien entre l'élevage et les paysages, il a démarré une conversion à l'agriculture biologique en basant l'alimentation des vaches sur le pâturage.

Jean-Pierre Digard est directeur de recherche émérite au CNRS et membre de l'Académie d'agriculture de France. Il a développé deux spécialités : l'ethnologie de l'Iran (*Une épopée tribale*, CNRS Éditions, 2015) et l'anthropologie de la domestication animale et des relations hommes-animaux (*L'animalisme est un anti-humanisme*, même éditeur, 2018).

Benoît Duteurtre est auteur de romans autobiographiques à la nostalgie légère comme *Les Pieds dans l'eau*, *L'Été 76* ou *Livre pour adultes*. Peintre critique et comique de notre époque dans *La Petite Fille et la cigarette* (traduit en vingt langues), *Le Retour du général* ou *L'Ordinateur du Paradis*, il a été couronné par le prix Médicis 2001 pour *Le Voyage en France*, et a reçu le grand prix de littérature Henri Gal de l'Académie Française 2017 pour l'ensemble de son œuvre.

Elisabeth de Fontenay est maître de conférences émérite de philosophie à l'université Paris 1 Panthéon-Sorbonne.

Elle est notamment l'auteur du *Silence des bêtes : la philosophie à l'épreuve de l'animalité* (1998 ; rééd. 2015), *Actes de naissance* (2011), et *La Prière d'Esther* (2014).

François Morel est comédien, auteur, chanteur, metteur en scène et chroniqueur sur France Inter depuis 2009. Son personnage dans les Deschiens (sur Canal+, de 1993 à 2000) l'a fait connaître du grand public.

Corine Pelluchon, philosophe, professeur à l'université Paris-Est-Marne-La-Vallée. Spécialiste de philosophie politique et d'éthique appliquée (bioéthique, éthique animale et environnementale), elle a publié une dizaine d'ouvrages, dont *Manifeste animaliste. Politiser la cause animale* (Alma, 2017) et *Éthique de la considération* (Seuil, 2018).

Jocelyne Porcher est sociologue, directrice de recherches à l'INRA. Ses recherches portent sur les relations de travail entre humains et animaux. Elle est l'auteur d'une dizaine d'ouvrages dont *Éleveurs et animaux, réinventer le lien* (PUF, 2002), *Cochons d'or* (Quae, 2010), *Vivre avec les animaux. Une utopie pour le XXIe siècle* (La Découverte, 2011) et *Demain, encore carnivores ?* (avec Olivier Néron de Surgy, Quae, 2017).

Yann Sergent est vétérinaire, chercheur en élevage de zébus au Cameroun, éleveur de poissons en mer en Bretagne, vétérinaire, inspecteur en abattoir de porcs, logisticien dans une ONG au Sud-Soudan, puis vétérinaire en élevage de vaches laitières.

Francis Wolff est philosophe et professeur émérite à l'École normale supérieure (rue d'Ulm). Connu pour ses travaux sur la pensée grecque, il construit depuis une vingtaine d'années une œuvre personnelle portant sur l'essence de l'humain (dont *Notre humanité, d'Aristote aux neurosciences*, Fayard, 2010 et *Trois Utopies contemporaines*, Fayard, 2017) Ses travaux sur la tauromachie, dont *Philosophie de la corrida* (Hachette pluriel, 2011) s'inscrivent dans ce cadre.

Achevé d'imprimer en Italie
par Grafica Veneta en décembre 2020
Dépôt légal janvier 2021
EAN 9782290253618
OTP L21ELLN001056N001
—
Composition : PCA
—
ÉDITIONS J'AI LU
87, quai Panhard-et-Levassor,
75013 Paris
Diffusion France et étranger : Flammarion

Librio
1290